I0833858

TEJIENDO SOBRE TELAS

GUILLERMO JORGE

Inspirado en mi vida, donde expreso ideas diversas. No importa cuántas veces haya que comenzar, lo esencial es avanzar hasta alcanzar las metas: financieras, humanas, naturales.

La humildad, la conexión con la naturaleza, el respeto por los animales y el uso consciente de la tecnología son los hilos con los que tejo mi historia.

PRÓLOGO

"El SEÑOR es mi pastor;
nada me faltará".

Salmo 23

Tejer la vida no es simplemente coser telas, sino entrelazar hilos de economía, humildad, naturaleza, la compañía de otras criaturas y el impulso de la tecnología para alimentar un propósito común.

Este libro nace de una experiencia que, a lo largo de décadas, ha buscado convertir cada lección en una herramienta práctica para vivir con mayor claridad y responsabilidad. No es una colección de recetas milagrosas, sino un mapa íntimo de decisiones pequeñas que, unidas una tras otra, sostienen un proyecto de vida seguro, sensato y humano.

Si hay un hilo conductor que recorre estas páginas, es la idea de que el verdadero progreso no se mide solo en números, sino en la calidad de nuestras decisiones diarias. Las metas financieras se presentan como una vía hacia la autonomía: para sostener a la familia, para educarnos, para arriesgar con disciplina y para aprender sin vergüenza de los errores. Pero esa autonomía no nace de la avidez, sino de una claridad constante sobre lo que realmente importa; de hábitos fortalecidos por la revisión regular, y de l***a humildad*** que permite pedir ayuda y escuchar a los demás. Así, el dinero deja de ser un fin en sí mismo y se convierte en una herramienta de libertad, aprendizaje y servicio.

La Humildad: Pilar Fundamental

La humildad es el otro gran eje que sostiene este camino. Se manifiesta como un liderazgo que sirve, como una escucha que abre puertas, y como el reconocimiento del valor colectivo. En cada experiencia —desde una promoción laboral hasta una conversación cotidiana—, ***la humildad*** amplía las posibilidades de aprender, de adaptarse y de crear en colaboración. Este enfoque relacional transforma el logro individual en un logro compartido, y protege los vínculos frente a la tentación de la arrogancia o el aislamiento.

Naturaleza, Tecnología y Futuro Compartido

La naturaleza y los animales cumplen una función paradigmática: son maestros de paciencia, de visión amplia y de atención al detalle. Sus ejemplos inspiran prácticas sostenibles, fomentan la comprensión de la interdependencia y cultivan una empatía que se traduce en decisiones más justas y duraderas.

La tecnología, cuando se emplea con ética y propósito, se convierte en una aliada poderosa para amplificar esa capacidad de cuidado. Son herramientas que observan, analizan y actúan con responsabilidad, siempre en diálogo con las comunidades y los saberes locales.

A lo largo de estas páginas, descubrirás cómo proyectos pequeños —como el compostaje comunitario, las energías limpias en escuelas o las iniciativas de monitoreo ambiental— se convierten en ejemplos de una vida que integra cuidado, innovación y participación.

El llamado es simple y profundo: aprender de la experiencia propia, rodearse de personas conscientes y construir, juntos, un futuro en el que la prosperidad tenga rostro humano y la sostenibilidad, un horizonte compartido. Este libro es, sobre todo, una invitación a tejer —con paciencia y propósito— una vida que valga la pena vivir y transmitir.

CAPITULO 1

TEJIENDO MIS FINANZAS

"Descubre lo que tienes dentro de tí y la vida te dará su recompenza"

Guillermo Jorge

Recuerdo como si fuera ayer aquellos primeros días en los que me enfrenté al mundo de las finanzas. Nací en un hogar humilde, rodeado de cosas simples y de una mesa que a veces, parecía demasiado pequeña para contener las preocupaciones y las esperanzas de toda la familia.

El dinero fue, durante mucho tiempo, un tema delicado, un nervio expuesto que podía hacer temblar a cualquiera cuando surgía una urgencia o una necesidad inesperada. Aun así, mis padres, con la paciencia que caracteriza a quienes saben que la vida se construye paso a paso, me enseñaron una idea clara: con esfuerzo y claridad, cualquier meta es alcanzable. Esa enseñanza, que parecía simple, se convirtió en el cimiento de todo lo que vino después. No se trataba solo de acumular dinero; se trataba de aprender a organizar los esfuerzos, a convertir la incertidumbre en un mapa y a entender que cada decisión, por pequeña que parezca, tiene un peso en el largo plazo.

Mis comienzos estuvieron marcados por intentos de ahorro que, a menudo, se veían frustrados por decisiones impulsivas y por una planificación que aún estaba en camino. Comprender que la disciplina no es una carga, sino una herramienta, fue el primer salto importante. En ese tiempo, no tenía una visión completa de lo que podría lograr, pero sí sentía una necesidad clara de encontrar un rumbo.

Esa sensación de quiebre inicial, de no saber exactamente qué camino tomar, se convirtió en el motor que me llevó a cuestionarme con honestidad: ¿qué realmente quiero lograr? No era una cuestión puramente financiera; era una pregunta sobre la vida que quería construir, sobre el tipo de autonomía que deseaba y sobre el lugar al que quería llegar para poder apoyar a mi gente y a mí mismo. La respuesta no llegó de golpe, sino a través de un proceso de exploración interior y de prueba y error. Empecé a convertir intuiciones vagas en metas concretas y medibles. Establecer metas claras fue transformador.

Comencé a escribir objetivos específicos, no vaguedades, y los coloqué en un lugar visible: un cuaderno, una pared, un recordatorio en el teléfono.

Algunas de las metas eran muy simples, como ahorrar para la casa propia; otras, un poco más ambiciosas, involucraban invertir en educación para abrir puertas más amplias en el futuro. Cada meta funcionó como un faro que guiaba mis acciones diarias.

Cuando gastaba, cuando decidía qué estudiar o qué oportunidad perseguir, esas metas funcionaban como filtros: ¿esta decisión me acerca a mi objetivo o me aleja de él?

Esa práctica convirtió el concepto de éxito financiero en una combinación de números y disciplina, de visión a largo plazo y de hábitos consistentes. Porque, en verdad, el dinero no es solo un telescopio para mirar el horizonte de nuestras cuentas; es la herramienta que posibilita la libertad para elegir, para aprender y para crecer con dignidad. Con el tiempo, esas metas dejaron de ser meros deseos para convertirse en pilares de mi vida. El viaje financiero dejó de verse como una carrera hacia un destino específico y se convirtió en un proceso continuo de desarrollo personal.

Aprendí entonces que el viaje es tan importante como el destino, que la constancia, más que la intensidad momentánea, es la fuerza que sostiene cualquier avance. Por eso me esfuerzo por recordar que la estabilidad duradera no se alcanza de la noche a la mañana, sino a través de un conjunto de decisiones familiarizadas con la paciencia y la constancia. Y esa idea, que comenzó como una intuición, se convirtió en una convicción: la vida financiera no debe estar separada de la vida en general; debe integrarse a una visión más amplia de propósito y responsabilidad.

Mirando hacia atrás, agradezco que esos inicios humildes fueran los que forjaron mi carácter y mi determinación. Hoy entiendo que la disciplina no significa renunciar a los placeres, sino priorizar aquello que crea una base sólida para el futuro. En ese proceso, aprendí a distinguir entre satisfacción momentánea y satisfacción duradera, entre deseos que se desvanecen y metas que se sostienen con el tiempo. Aprendí también que la claridad de propósito es una de las herramientas más poderosas que podemos cultivar.

Cuando uno sabe qué quiere lograr, cada decisión, por pequeña que parezca, toma un significado mayor y se alinea con una finalidad más grande. Esa claridad, cultivada en los comienzos, se convirtió en una guía constante para las decisiones cotidianas: cómo gastar, cómo ahorrar, cómo invertir, cómo dedicar tiempo a aprender y a prepararse para lo que venga.

El aprendizaje que emana de aquellos días de inicio no fue solo técnico; fue, sobre todo, humano. Comprendí que la relación con el dinero está íntimamente ligada a la relación con uno mismo y con el entorno. ***La humildad*** que se aprende en una casa modesta, donde cada gasto debe justificarse y cada esfuerzo debe sentirse real, se transforma con el tiempo en una brújula que evita la arrogancia ante los logros y que mantiene la puerta abierta a nuevas ideas, a nuevas personas y a nuevas oportunidades.

Esa ***humildad*** no es resignación; es la capacidad de reconocer que siempre hay más por aprender, que el progreso depende de la apertura a nuevas perspectivas y que el crecimiento no es solo personal, sino también comunitario. En mis momentos de duda, esa base me recordó que no estoy solo en este camino: hay familias, amigos y mentores —no siempre nombrados, pero presentes en cada elección— que influyen en cada paso que doy. Y ese reconocimiento de la interdependencia fortalece la idea de que las metas financieras son también metas para construir algo que valga la pena para otros, no solo para uno mismo.

Las metas que se fueron delineando con el tiempo —ahorrar para una casa, invertir en educación, desarrollar una base de seguridad para enfrentar lo imprevisible— se convirtieron en una manera de ver la vida. No se trataba exclusivamente de acumular dinero, sino de construir un marco de autonomía que permitiera asumir riesgos calculados, aprender sin miedo y, sobre todo, mantener la dignidad ante cada avance.

Esa visión se sostiene en la idea de que el éxito financiero no es un número aislado, sino una expresión de disciplina, responsabilidad y visión a largo plazo. En cada logro, por pequeño que fuera, aparecía un recordatorio de que lo logrado no es fruto de la casualidad, sino de una elección repetida día a día y de la paciencia para mantener el rumbo cuando las circunstancias eran adversas.

A medida que miro hacia adelante, veo que los inicios humildes no solo me enseñaron a manejar mejor el dinero, sino que me enseñaron a vivir con propósito. Me mostraron que las metas deben ser claras, específicas y acompañadas de planes realistas; que la disciplina diaria —el hábito de revisar objetivos, de ajustar planes y de aprender de cada experiencia— es lo que realmente transforma las aspiraciones en resultados perdurables; y que el valor de la estabilidad reside en la libertad que otorga para tomar decisiones con serenidad, para estar preparado ante imprevistos y para contribuir de forma positiva a la vida de los demás.

No hay atajos en este viaje; cada avance implica una inversión de tiempo, esfuerzo y reflexión. Por eso, cuando pienso en lo que fueron esos primeros días, no solo veo el inicio de una trayectoria financiera, sino el origen de una forma de vivir: con claridad, con paciencia y con un compromiso profundo con aquello que realmente importa.

En esa línea, la experiencia de mis comienzos me acompaña en cada decisión presente, recordándome que las metas no son destinos aislados, sino estaciones de un viaje continuo. Cada paso que doy ahora, cada plan que ajusto y cada lección que asimilo está conectado a ese primer aprendizaje: que la vida financiera puede ser una aliada poderosa cuando se aborda con ***humildad***, con una visión amplia y con la convicción de que lo que se construye con esfuerzo y claridad tiene la capacidad de trascender el momento.

Así, mis inicios siguen siendo mi guía: una memoria activa que impulsa mi compromiso con la perseverancia, la responsabilidad y la esperanza de un futuro estable para mí y para quienes dependen de mí. Y con esa base, continúo caminando, sabiendo que el camino, más que el destino, es lo que en verdad define quién soy y qué puedo llegar a lograr.

La experiencia de iniciar un recorrido financiero con metas claras no fue suficiente por sí sola para garantizar resultados. A veces, la verdadera barrera no está en el mercado ni en las circunstancias externas, sino en la forma en que interpretamos los obstáculos y en la capacidad que tenemos para traducir la intención en hábitos sostenibles. En este capítulo me propongo compartir las estrategias que, con el tiempo, se volvieron el andamio que sostuvo mi crecimiento cuando las pruebas golpearon. Holgadamente, estas prácticas no prometen magia rápida; proponen un marco de acción constante que se nutre del aprendizaje y de ***la humildad*** para corregir rumbos.

En esa línea, entendí que el progreso financiero auténtico emerge cuando la mente se alinea con un plan ejecutable y cuando el día a día respalda ese plan con decisiones simples pero consistentes. Este enfoque no borra los riesgos ni garantiza resultados inmediatos, pero sí transforma los tropiezos en oportunidades de ajuste y fortalecimiento personal.

La primera lección fue la claridad de metas y su revisión continua. Definir metas claras no es un acto aislado; es un compromiso que se refracta en hábitos concretos. Las metas deben ser explícitas, medibles y relevantes para la vida que quiero construir.

Por ejemplo, no basta con "ahorrar más"; es necesario aterrizar esa aspiración en números y plazos realistas, como destinar un porcentaje fijo de los ingresos mensuales a un fondo específico o fijar un periodo para completar una educación que impulse oportunidades futuras.

Esta claridad se tradujo en una rutina: cada semana revisaba el progreso, ajustaba el peso de las metas a la realidad presente y reprogramaba lo necesario para no perder el norte. La revisión periódica evita que el entusiasmo inicial se convierta en una quimera desfasada y, en cambio, mantiene la brújula orientada a un horizonte plausible.

En ese proceso, las metas dejaron de ser simples deseos y se convirtieron en un conjunto de directrices que informan cada decisión diaria, desde qué compras evitar hasta qué inversiones explorar con criterio. Esta dinámica convirtió la planificación en un músculo, entrenado con el tiempo para responder con serenidad ante cambios inesperados. Otra dimensión crucial fue la construcción de hábitos que sostienen el esfuerzo a lo largo del tiempo.

Los hábitos financieros no son promesas románticas; son comportamientos que se consolidan cuando se repiten con regularidad. Entre ellos, destaco la creación de un presupuesto básico y su seguimiento sin juicios, el registro diario de gastos para identificar fugas y la automatización de ahorros fundamentales.

Automatizar el ahorro, por ejemplo, reduce la fricción y la tentación de gastar lo que podría formar parte de un colchón financiero. Del mismo modo, la disciplina para cumplir con presupuestos mínimos, incluso cuando aparecen tentaciones, se fortaleció al convertir las metas en rituales: una revisión rápida cada noche, una nota de respaldo en el teléfono que recuerda por qué se prioriza cierta cuenta, y la celebración modesta de cada hito alcanzado.

Estos hábitos, simples en apariencia, generan un efecto acumulativo que, a lo largo del tiempo, transforma la configuración de la vida financiera, alejando la incertidumbre de la economía personal y sembrando una sensación de control y dignidad en cada decisión.

La diversificación de fuentes de ingreso y la gestión del riesgo fueron otras líneas de acción esenciales. Comprender que depender de una única fuente puede exponerme a tensiones innecesarias me llevó a buscar alternativas que complementaran el flujo de ingresos. No se trata de convertir cada oportunidad en una promesa, sino de valorar opciones que, en conjunto, reduzcan la vulnerabilidad ante coyunturas adversas.

Este principio se conectó con la prudencia en la gestión del riesgo: establecer un fondo de emergencia, evitar endeudamientos de alto costo para gastos corrientes y evitar asumir riesgos desmedidos en inversiones sin la debida diligencia. La idea no es acumular información sin acción, sino convertir el conocimiento en movimientos concretos: diversificar, medir y avanzar con una composición de cartera que respire bajo condiciones cambiantes.

En ese marco, aprendí a distinguir entre inversiones necesarias para el crecimiento y aquellas que, por su naturaleza, requieren una evaluación más rigurosa y un horizonte temporal más amplio. La educación continua emergió como un motor silencioso que facilita la toma de decisiones informadas. En un mundo en constante cambio, sostener el aprendizaje se vuelve tan vital como cualquier ahorro.

Cada periodo incluía una dosis de lectura selectiva, participación en cursos prácticos o conversaciones con personas que tenían experiencia distinta a la mía. No se trataba de acumular un puñado de teorías, sino de traducir ese aprendizaje en herramientas útiles: técnicas de evaluación de riesgos, estrategias de negociación, habilidades para leer estados financieros simples, y una atención orientada a señales de cambio en el mercado que podrían afectar mis metas.

Este compromiso con el aprendizaje continuo no solo elevó mi capacidad de respuesta ante nuevas circunstancias, sino que también fortaleció la humildad necesaria para reconocer cuando una estrategia falla y requiere ajuste.

La humildad, en este sentido, no es un obstáculo, sino un activo que protege de la rigidez y fomenta una cultura de mejora constante.

La humildad, por su parte, se manifestó como un marco relacional para navegar obstáculos.

Aprender a pedir ayuda, aceptar retroalimentación y ajustar planes en función de la realidad compartió una verdad simple: nadie llega solo a la meta financiera; las redes de apoyo —de pares, mentores y colaboradores— son parte del recorrido. Rodearme de personas que priorizan la honestidad y la cooperación me permitió recibir comentarios críticos sin sentirme atacado, lo que, a su vez, refinó mis estrategias. Este dinamismo entre aspiraciones y ***humildad*** facilitó que los errores se convirtieran en aprendizaje aplicado. En lugar de ocultar debilidades o justificar resultados insuficientes, abrí el diálogo para entender qué cambiar, cómo evolucionar y qué recursos movilizar.

La humildad me enseñó a valorar la crítica constructiva como una brújula, no como una ofensa, y esa actitud fue decisiva para sostener el progreso cuando las metas exigían reorientaciones significativas. Un caso concreto que ilustra la aplicación práctica de estas estrategias ayuda a entender la experiencia vivida. En un momento particular, enfrenté una decisión de inversión que, por un optimismo mal calibrado y una lectura incompleta de los riesgos, mostró señales de desequilibrio financiero.

En lugar de dejar que la emoción guiara la operación, apliqué un conjunto de acciones aprendidas: revisé el marco de metas y verifiqué si aquella inversión realmente se alineaba con mis objetivos a largo plazo; reduje el peso del capital destinado a ese proyecto y aseguré que existiera un colchón adicional de seguridad en mi fondo de emergencia; consulté con una persona de confianza para obtener una segunda opinión independiente y, sobre esa revisión, ajusté la estrategia, buscando una salida más conservadora si se presentaban señales de presión.

Además, reforcé mi educación en ese periodo con lectura y un curso corto sobre manejo de riesgos en inversiones simples, lo que me permitió entender mejor el entorno y evitar repetir errores anteriores. Este episodio, que podría haber terminado en una disminución significativa de la confianza, terminó fortaleciendo mi disciplina y la convicción de que las estrategias previamente descritas funcionan cuando se aplican con constancia y moderación.

Fue una experiencia que demostró, en la práctica, que el verdadero obstáculo no reside en la volatilidad externa, sino en la forma en que respondemos ante ella: si adoptamos una actitud proactiva, si mantenemos el curso con ajustes razonables y si aprendemos de cada resultado, ya sea favorable o desfavorable. La implementación de estas estrategias también tuvo un efecto transformador en la forma en que percibo el camino hacia las metas. Pasé de ver la planificación como un conjunto de reglas rígidas a entenderla como un marco dinámico que respira con la vida real.

La clave está en traducir la visión de largo plazo en acciones diarias, y estas acciones, repetidas con paciencia, generan el cambio sostenido que buscaba. El aprendizaje continuo no es un lujo; es un requisito que sostiene la pertinencia de las decisiones ante cambios en las circunstancias personales y en el entorno económico.

La acción consistente, por su parte, evita la tentación de rendir cuentas solo a resultados inmediatos y promueve la construcción de una base sólida que, con el tiempo, se convierte en una reserva de confianza para enfrentar futuros desafíos.

En suma, las estrategias no son recetas mágicas, sino instrumentos para convertir la voluntad en hábitos y el esfuerzo en resultados, siempre dentro de un marco de humildad, aprendizaje y responsabilidad. Queriendo cerrar este tramo, es posible afirmar que el aprendizaje obtenido a través de la implementación de estas estrategias ha reforzado la idea central: el obstáculo más persistente suele estar en la mentalidad.

Cuando una persona entiende que cada dificultad es una oportunidad para reajustar, mejorar y crecer, la manera de enfrentarlas cambia por completo. La mentalidad de crecimiento, alimentada por la disciplina de ejecutar, por el hábito de revisar y por la humildad para corregir, crea un ecosistema en el que las metas financieras dejan de ser una meta esquiva para convertirse en una trayectoria tangible.

Este marco no desvaloriza la complejidad del mundo, pero sí propone una relación más saludable con ella: aceptar la incertidumbre, preparar respuestas y, sobre todo, avanzar con constancia. Al final, implementar estas estrategias me enseñó que el verdadero obstáculo, a menudo, está en nuestra mentalidad, y superarlo es cuestión de acción consistente y aprendizaje continuo. Esa es la lección que deseo dejar en este capítulo: que el progreso se construye día a día, con metas claras, hábitos firmes y la humildad necesaria para aprender de cada paso en el camino.

CAPITULO 2

HUMILDAD CLAVE DEL ÉXITO

"Estoy orgulloso de Ser quien Soy, porque a pesar de que la vida me haya puesto a prueba nunca me he rendido, siempre he encontrado la fuerza y el coraje para no rendirme jamás... "

El Principito

La humildad ha sido el hilo conductor en todas mis interacciones, tanto en lo personal como en lo profesional; un rasgo que, frente a la tentación de la exhibición, ha demostrado ser más poderoso cuando se acompaña de una mirada sincera hacia los demás. Desde mis primeros años, aprendí que aquellos que se aferran a sus logros con una pose de superioridad suelen quedarse aislados, mientras que quienes cultivan la humildad atraen colaboración, confianza y un reconocimiento que nace del respeto mutuo.

En la trayectoria profesional, ese aprendizaje se ha traducido en una práctica concreta: cuando alcancé un ascenso, no celebré en solitario ni me atribuí todo el mérito; en su lugar, reconocí explícitamente el esfuerzo del equipo que trabajó conmigo, lo que fortaleció lazos, generó gratitud y abrió puertas que, de otro modo, permanecerían cerradas.

Más allá de lo laboral, ***la humildad*** ha influido en mi vida personal de una forma igual de profunda. Me ha permitido escuchar más y juzgar menos, profundizando amistades que, con el paso de los años, se han convertido en un verdadero sostén. Entendí temprano que ***la humildad*** no es una señal de debilidad, sino una fuerza que invita a otros a compartir ideas, experiencias y críticas constructivas, enriqueciendo así mi propio camino.

A lo largo de mi camino, me sorprendió cuántas veces una conversación cambia de dirección cuando la persona que escucha está dispuesta a decir "no sé" o a reconocer que necesita ayuda. ***La humildad*** abre espacios de aprendizaje que la arrogancia simplemente bloquea.

En reuniones importantes, cuando he admitido que no tengo todas las respuestas, la dinámica de trabajo se ha vuelto más eficiente: se genera una atmósfera de seguridad para plantear preguntas, pedir aclaraciones y solicitar aportes externos. Esa honestidad, lejos de debilitar mi posición, ha ganado la admiración de colegas y ha convertido las dudas en motores de una toma de decisiones más informada. En esas situaciones, ***la humildad*** funciona como un puente: conecta a las personas, facilita la cooperación y crea un clima en el que el crecimiento se comparte y se multiplica.

Sin ella, mis logros serían vacíos; con ella, cada victoria se multiplica por las conexiones humanas que construye. Esa idea resume, en una frase, una experiencia recurrente: el valor de las relaciones bien cimentadas, más que el brillo de un logro individual.

La humildad permite que las habilidades de otros brillen y que el resultado final refleje la suma de muchos aportes. He visto, una y otra vez, cómo los equipos que reconocen y valorizan la diversidad de talentos trabajan con mayor armonía y producen resultados que exceden las expectativas.

Es en este marco relacional donde ***la humildad*** se convierte en mucho más que un rasgo personal: es una estrategia de liderazgo que favorece la cohesión, la adaptabilidad y la resiliencia de una organización frente a la incertidumbre. Es fácil confundir ***humildad*** con auto-silenciamiento o con la renuncia a expresar ideas propias.

Sin embargo, la verdadera ***humildad*** no implica borrar la propia voz, sino situarla al servicio de un objetivo común. En mi experiencia, cuando he podido articular mis ideas mientras escucho activamente a los demás, emergen soluciones que ninguno de nosotros habría concebido de forma aislada. ***La humildad***, por tanto, no nivela hacia abajo; eleva a todos cuando se acompaña de una actitud de aprendizaje continuo. En la práctica, esto significa pedir feedback sincero, aceptar críticas con gratitud y, sobre todo, estar dispuesto a ajustar planes cuando la realidad lo exige.

Esa disposición a revisar la propia postura, sin orgullo cegador, ha sido crucial para avanzar en proyectos complejos y para mantener relaciones laborales saludables y duraderas. En el aspecto personal, este enfoque ha permitido cultivar amistades que no se basan en la necesidad de lucirse, sino en la confianza de que cada uno aporta lo mejor de sí mismo, y de que los límites se negocian con honestidad y empatía.

Otra dimensión importante de ***la humildad*** es su capacidad para fomentar la reciprocidad. Cuando alguien se acerca con una idea, un consejo o una crítica, la reacción humilde es recibir ese aporte con interés genuino, evaluarlo con criterios abiertos y, si corresponde, agradecer públicamente a quien lo ofreció. Este proceso no solo fortalece las relaciones, sino que también crea una cultura de cooperación que facilita la toma de decisiones difíciles.

En contextos donde conviven perfiles muy diversos, ***la humildad*** evita el endurecimiento de posiciones y permite que emerjan soluciones más humanas y sostenibles. He visto, por ejemplo, cómo una revisión de estrategia impulsada por una sugerencia externa terminó abriendo un camino que, de otro modo, habría quedado viciado por la resistencia a ceder espacio a ideas distintas. En esas circunstancias, ***la humildad*** no era una mera virtud, sino una metodología de trabajo que alinea intereses, reduce tensiones y, en última instancia, mejora los resultados para todas las partes involucradas.

La humildad también se entrelaza con la gestión de conflictos y la construcción de confianza. Cuando las tensiones surgen, la respuesta humilde no es evitar el conflicto ni minimizar el problema, sino enfrentarlo con una actitud de apertura: reconocer los errores propios, buscar el punto de convergencia y proponer soluciones que incluyan a las personas afectadas.

Este enfoque genera un ciclo virtuoso: las personas se sienten escuchadas, se comprometen más con el equipo y, al mismo tiempo, aprenden a gestionar sus propias limitaciones. En mi trayectoria, he visto que las relaciones basadas en ***la humildad*** tienden a ser más resistentes a las crisis, ya que están ancladas en un tejido de confianza y respeto que facilita la colaboración incluso cuando las circunstancias se vuelven adversas. No se trata de renunciar a la ambición, sino de encauzarla a través de un marco de responsabilidad compartida, donde cada quien aporta desde su mejor versión y reconoce las limitaciones propias sin perder la dignidad.

La experiencia ha mostrado que ***la humildad*** también tiene un impacto directo en la ética de las decisiones económicas y profesionales. En momentos de presión por resultados y plazos, la tentación de "hacer lo que sea" puede eclipsar el juicio y empujar a acciones que no resuenan con mis valores.

Mantener ***la humildad*** ayuda a sostener un debate interno consciente: ¿Está esta decisión alineada con mis principios? ¿Estoy considerando los impactos en otras personas y en el entorno? ¿Estoy buscando asesoría externa cuando corresponde? Este tipo de preguntas no solo protege mi integridad, sino que también refuerza la confianza de clientes, colegas y seres queridos. En última instancia, ***la humildad*** constante crea un legado más sólido que cualquier expediente de logros: una forma de vivir y trabajar que inspira a otros a dar lo mejor de sí mismos sin miedo a equivocarse, con la seguridad de que se actuará con responsabilidad y humanidad.

En este punto, al mirar hacia atrás, comprendo que ***la humildad*** no es un adorno adicional a mis talentos, sino una condición para que esos talentos sean benéficos para mí y para los demás. Es la clave para construir relaciones que sostienen y potencian el crecimiento, para abrir rutas de aprendizaje que no dependerían de la voluntad individual de sobresalir, y para diseñar entornos donde el reconocimiento nace del aporte compartido y no de la exhibición aislada.

Así, ***la humildad*** se revela como una práctica cotidiana: una decisión constante de escuchar, de pedir ayuda cuando se necesita, de agradecer las contribuciones ajenas y de adaptar el rumbo cuando el colectivo lo exige.

En definitiva, el verdadero valor de la humildad reside en su capacidad de multiplicar el impacto de cada acción, no por la grandiosidad del ego, sino por la calidad de las relaciones que hemos construido a lo largo del camino.

Si alguna vez alguien me preguntara cuál es la clave para un crecimiento sostenible, respondería sin dudar: es la humildad. Porque, en un mundo de cambios rápidos y presiones constantes, ***la humildad*** nos mantiene conectados con la realidad de las personas con las que trabajamos y vivimos. Nos recuerda que todos tenemos límites, y que la fortaleza real emerge cuando reconocemos y enfrentamos esos límites juntos.

Este entendimiento, cultivado día a día, es lo que, a la larga, transforma oportunidades en logros que valen la pena ser compartidos, legando a cada quien no solo resultados, sino una forma de generar impacto positivo a partir de la cooperación, la confianza y la empatía. A lo largo de mi trayectoria, ***la humildad*** ha sido el hilo conductor que ha unido mis esfuerzos personales con el apoyo y la cooperación de otros. No se trata de subestimar mis logros, sino de reconocer que, detrás de cada avance, hay manos, ideas y saberes que, puestos en común, multiplican el valor de lo que uno podría hacer solo.

En ese viaje, he descubierto que ***la humildad*** no es un signo de debilidad ni una concesión ingenua, sino una estrategia honesta para preservar relaciones, escuchar con claridad y abrir puertas a colaboraciones que, de otro modo, no serían posibles. En estas páginas comparto historias que ilustran cómo esa virtud ha contribuido de manera tangible a mis logros, desde la vida cotidiana hasta los momentos decisivos de mi carrera.

La primera historia que deseo compartir ocurre en el momento en que fui promovido. Había trabajado con dedicación, sí, pero sabía que la responsabilidad no era solo mía: recaía también en todas las personas que habían estado a mi alrededor, apoyándome, aportando ideas y manteniendo el funcionamiento de los proyectos. En vez de exhibir el ascenso como un logro propio y aislado, elegí nombrar a mi equipo y agradecer su aporte ante colegas y superiores. No se trataba de negar mi esfuerzo, sino de situar ese esfuerzo dentro de un esfuerzo colectivo.

Esa simple acción —reconocer a quienes habían sostenido el camino— fortaleció vínculos y creó un clima de confianza que permitió que nuevas iniciativas surgieran con mayor facilidad. Recibir reconocimiento así, de cara a los demás, generó una dinámica de colaboración más fluida: las personas se sintieron seguras para proponer ideas, señalar riesgos y asumir responsabilidades adicionales.

En el tiempo que siguió, ese ambiente de reconocimiento compartido se convirtió en una ventaja competitiva: proyectos que podrían haber enfrentado resistencias o frenos encontraron en ***la humildad*** de la síntesis entre esfuerzos una vía para avanzar. En cada decisión, la pregunta dejó de ser "¿qué puedo hacer yo?" para convertirse en "¿qué podemos hacer juntos?", y esa transición marcó una diferencia real en la velocidad y la calidad de los resultados.

La segunda historia tiene un tono más personal, pero conserva la misma lógica: cuando la humildad se traduce en escuchar más y mirar menos desde la propia señal, las relaciones se fortalecen de manera profunda y duradera. En mi círculo cercano, aprendí a dejar espacio para las voces que, por temor o por hábito, podrían haber quedado silenciadas. Algunas de esas voces traían observaciones pequeñas, aparentemente insignificantes, pero que con el tiempo resultaron claves para evitar errores grandes.

En varias ocasiones, decisiones tomadas sin un proceso de escucha activo llevaron a malentendidos o a soluciones que, si hubieran sido consideradas desde el inicio, habrían sido más eficientes y justas. ***La humildad*** me llevó a invitar a otros a opinar, a admitir que no sabía algo cuando era necesario y a agradecer la aportación de ideas distintas a la mía.

Este enfoque no solo enriqueció el tejido de nuestras relaciones, sino que también afianzó una cultura de aprendizaje compartido: cada integrante sabía que su perspectiva era relevante y que su presencia en la conversación tenía un peso real. Con el paso del tiempo, esas prácticas de escucha y reconocimiento se volvieron una parte natural de mi vida personal, y las amistades que nacieron de ellas resistieron la prueba del tiempo, consolidándose como una red de apoyo mutuo que, en momentos de desafío, demostró ser tan valiosa como cualquier recurso material.

Una tercera anécdota se sitúa directamente en un entorno profesional, en el que una reunión clave reveló la verdadera potencia de ***la humildad***: admitir no saber ante un tema complejo. En esa ocasión, la conversación giraba en torno a una decisión estratégica de alto riesgo. Yo sabía que mi experiencia en esa área era limitada y que, de seguir con la intuición aislada, podría haber llevado a una decisión deficiente.

Tomé el camino de la transparencia: reconocí mis límites y solicité la opinión de especialistas externos, al mismo tiempo que animaba a mi equipo a presentar sus dudas sin temor a parecer incompetente.

El resultado fue doble. Por un lado, hallamos una solución más robusta, basada en datos y en análisis críticos compartidos. Por otro, fortalecí la confianza dentro del equipo: las personas percibieron que la dirección no escondía sus vacíos, que sabía pedir ayuda y que valoraba la prudencia tanto como el coraje.

Este episodio dejó una enseñanza muy clara para mí: ***la humildad*** facilita el acceso a conocimiento externo y promueve una cultura de revisión constante que, a la larga, reduce costos de error y acelera el progreso. Aun cuando la decisión final fue prudente y conservadora, el proceso ganó legitimidad porque fue visible y participativo.

Estas historias, surgidas a lo largo de los años, sostienen la tesis de que ***la humildad*** actúa como puente entre el esfuerzo personal y el logro colectivo. Cuando uno reconoce públicamente que el éxito es tributario de otros, se desarma la tentación de la defensa del ego y se abre una vía de aprendizaje continuo. Esa apertura, a su vez, genera un entorno en el que la colaboración deja de ser una opción para convertirse en una necesidad, especialmente en contextos complejos o cambiantes.

En la práctica, ***la humildad*** se expresa en gestos simples pero potentes: agradecer sin reservas, escuchar con paciencia, solicitar feedback sin defensas, reconocer los aportes ajenos y, sobre todo, estar dispuesto a ajustar planes cuando las circunstancias lo requieran. Todo ello crea una cultura de confianza mutua que se traduce en mayor capacidad de respuesta ante imprevistos, en decisiones más informadas y en un sentido de propósito compartido que sostiene a equipos y proyectos cuando las tensiones aumentan.

Mirando hacia atrás, percibo que las decisiones más acertadas de mi trayectoria no han sido las que brillaban por su audacia individual, sino aquellas en las que ***la humildad*** permitió aprovechar la inteligencia colectiva. Este aprendizaje no es meramente conceptual; se ha traducido en resultados tangibles, como mejoras en la calidad de proyectos, en la eficiencia de procesos y en la satisfacción de las personas que integran equipos o comunidades.

La humildad, entendida así, no reduce la autoridad; la transforma en un liderazgo que no teme a la crítica, que sabe delegar con claridad y que, sobre todo, invita a otros a sumarse a la construcción de un objetivo común. En términos de liderazgo, esa orientación se alinea con lo que muchos llaman liderazgo servidor: poner al grupo en primer plano, facilitar que otros alcancen su mejor versión y, al hacerlo, multiplicar el impacto del esfuerzo individual.

Al cerrar este recorrido por las historias que ilustran cómo ***la humildad*** contribuyó a mis logros, queda claro que la virtud no es un adorno moral, sino una palanca estratégica.

Si hay una lección práctica que emerge con claridad, es esta: cuando elegimos liderar desde ***la humildad***, no perdemos fuerza; al contrario, ganamos alcance, profundidad y resiliencia. Y esa combinación —alcance, profundidad y resiliencia— es, en mi experiencia, la fórmula que transforma simples logros en un legado duradero.

CAPITULO 3

NATURALEZA MI REFUGIO

"En cada paseo con la naturaleza uno recibe más de lo que busca. "

John Muir

La naturaleza ha sido, desde mis primeros pasos, mucho más que un paisaje: ha sido un refugio, un respiro para el cuerpo y un espejo para la mente. En las situaciones de estrés, ya fuera por presiones laborales, dilemas familiares o las habituales incertidumbres que surgen cuando se buscan respuestas financieras, la quietud de un bosque o la cadencia de un río cercano ofrecían un espacio donde el ruido diario se diluye y nos invita a escuchar aquello que, a veces, pasa desapercibido en medio del movimiento constante.

Caminar entre árboles es, para mí, una forma de volver a casa conmigo mismo: una oportunidad para reconectar con ritmos que no dependen de la prisa del reloj, sino de la respiración, del latido y de la paciencia que la propia naturaleza impone sin quererlo. Durante años, aprendí que el bienestar no es un estado que llega por sí solo cuando las metas financieras parecen acercarse, sino un equilibrio que se sostiene cuando el cuerpo y la mente encuentran descansos que no están medidos en números, sino en sensaciones. La naturaleza, con su calma sostenida, me enseñó a detenerme a tiempo.

En momentos de crisis financiera, cuando el entusiasmo por un proyecto parecía desbordar la capacidad de análisis, fue en la quietud de un parque donde hallé la claridad necesaria para tomar decisiones razonadas. No se trataba de huir de la responsabilidad, sino de darle a la responsabilidad el espacio adecuado para ser evaluada con serenidad. Observaba las hojas que se mueven con el viento, sin prisa, y ese movimiento suave me recordaba que incluso las metas más firmes requieren flexibilidad y ajuste ante las condiciones cambiantes.

Reconocer la influencia de la naturaleza en mi bienestar implica entender por qué funciona: su ritmo natural ofrece un contrapeso a la aceleración constante de las metas y las exigencias del día a día. El cerebro, que tiende a buscar soluciones rápidas cuando está bajo presión, encuentra en la naturaleza un desarrollo más lento y seguro de las conclusiones.

Las caminatas por senderos, las pausas frente a un arroyo, el simple acto de sentarse en un banco de madera y dejar que la vista se extienda hacia el horizonte activan lo que podría llamarse una inteligencia del entorno: una forma de sabiduría práctica que no exige complejas formulaciones, sino una atención plena a lo que ya está ahí. En esas experiencias, descubro que la claridad no es un destello súbito, sino el resultado de un proceso suave de descartar lo que no es esencial y de escuchar las señales de mi cuerpo y de mi entorno.

La relación entre naturaleza y bienestar no se agota en la sensación de alivio inmediato. Se transforma en una educación constante sobre la paciencia y la perseverancia. He visto plantas que crecen con lentitud, pero con una constancia que, con el tiempo, revela resultados sólidos. Esa metáfora vive en mi vida diaria: las metas que nacen de una idea clara requieren tiempo para arraigarse, para sumar pequeñas victorias cotidianas y para resistir las olas de adversidad.

Cada semilla plantada en un jardín comunitario, cada sendero que recorro al amanecer, me recuerda que el progreso real no se mide por saltos espectaculares, sino por la capacidad de sostener un ritmo que fortalece la salud física y la estabilidad emocional. Cuando la mente está serena, la toma de decisiones financieras adquiere una dimensión más holística: se evalúan riesgos con más claridad, se distinguen las oportunidades de las tentaciones y se aprecia el valor de las inversiones que, como las plantas que requieren paciencia, maduran con el tiempo.

Este vínculo entre la naturaleza y mi bienestar se ha convertido en una base para prácticas cotidianas que no son excepcionales, sino integrales. Hoy, por ejemplo, incorporo rutinas al aire libre como un hábito diario. No se trata de una sesión de ejercicio intenso, sino de dedicar momentos del día a estar en contacto directo con el entorno natural: una caminata corta por el vecindario, una pausa para respirar profundamente frente a un árbol grande, o simplemente sentarme en la terraza de la casa a escuchar el canto de los pájaros mientras la brisa mueve las cortinas.

Estas simples acciones tienen efectos medibles en mi productividad y en mi humor. La mente, que tiende a dispersarse ante múltiples estímulos, se enfoca mejor cuando es nutrida por estímulos serenos: la claridad que surge de la observación de la simplicidad de la vida natural se traduce en una mejor concentración, una mayor capacidad para priorizar y una actitud más abierta ante imprevistos. La conexión con la naturaleza también alimenta mi sentido de propósito. No es únicamente un alivio emocional; es una fuente de inspiración para vivir de forma coherente con mis valores. Al observar la interdependencia de los seres vivos, me doy cuenta de que mi presencia en el mundo tiene efectos que trascienden mi propia persona.

Esta comprensión, lejos de generar resignación, impulsa una responsabilidad activa: cuidar de mi entorno, reducir mi huella ecológica, cultivar gratitud y, cuando es posible, compartir ese aprendizaje con otros. Así, la relación con la naturaleza se vuelve un catalizador de acciones concretas: participar en iniciativas locales de conservación, apoyar proyectos que promuevan la biodiversidad o simplemente elegir hábitos de consumo más conscientes.

Cada decisión, por pequeña que parezca, está referida a un marco más amplio de convivencia: vivir con menos ruido, menos consumo dañino y más presencia en el aquí y ahora. Así que, a modo de reflexión, quiero destacar cómo la naturaleza influye en la forma en que enfrento las pérdidas y los reveses. Cuando una meta financiera no se alcanza de inmediato, la tentación es intensificar esfuerzos con más ritmo y mayor ansiedad. Sin embargo, la naturaleza me enseña que el crecimiento sostenible admite pausas. Una pausa no es sinónimo de derrota; es, en realidad, una oportunidad para revaluar, ajustar el rumbo y recuperar energía para volver a avanzar con una estrategia fortalecida.

En mis experiencias, las pausas al aire libre han permitido que emerjan preguntas que, de otro modo, permanecerían enterradas bajo la presión de la urgencia: ¿qué necesito realmente para lograr esa meta? ¿Qué recursos ya disponibles están subutilizados? ¿Qué riesgos vale la pena asumir y cuáles deben ser evitados? Este tipo de cuestionamientos, nacidos en la quietud natural, alimentan decisiones más responsables y menos impulsivas.

El ser humano, cuando se conecta con la naturaleza de forma consciente, descubre un aprendizaje que no se limita a la observación pasiva. Se trata de una experiencia cognitiva y emocional que reorganiza prioridades. Por ejemplo, el contacto frecuente con bosques y ríos refuerza la gratitud. En momentos de gratitud, la mente se abre a recibir ayuda, a reconocer que no todo depende de una sola persona ni de una única acción.

Este reconocimiento facilita la cooperación y la creación de contextos en los que otros pueden aportar sin sentirse inferiores o desconfiados. Al cultivar esa apertura, también se fortalece la empatía, un valor que ya ha sido tema de capítulos anteriores y que, aplicado a situaciones laborales, puede traducirse en diálogos más productivos, en una cultura de feedback más honesta y en una colaboración que se nutre de las diferencias.

Si miro hacia atrás, veo cómo la vida en la que me he movido ha sido enriquecida por una síntesis entre tecnología y naturaleza. La tecnología, cuando se utiliza con responsabilidad, puede amplificar los beneficios de la naturaleza: herramientas simples, como sensores para optimizar el riego en jardines comunitarios o aplicaciones que permiten monitorear la calidad del aire, pueden convertir el conocimiento en acción concreta para el bien común. Al mismo tiempo, la naturaleza mantiene un equilibrio que impide que la tecnología se convierta en una fuerza deshumanizante.

En la práctica, esto significa buscar proyectos que integren innovación con preservación ecológica, utilizar datos para mejorar prácticas sostenibles y no para justificar un consumo desenfrenado. En mi vida diaria, esa conciencia se traduce en decisiones que priorizan el bienestar, no la ganancia rápida, y en un compromiso de vivir de manera que mi progreso personal no comprometa la salud del mundo que me rodea.

En conclusión, la relación que mantengo con la naturaleza es una brújula interior que orienta mi bienestar, mi claridad mental y mi modo de enfrentar la vida diaria. Es un recordatorio de que el ser humano no es una isla; somos parte de un entramado de especies, ciclos y sistemas que necesitan de nuestra atención, cuidado y respeto. La práctica diaria de momentos al aire libre se ha convertido en una inversión a largo plazo para mi salud mental y física, una inversión que, a su vez, sostiene el rendimiento y la creatividad necesarios para perseguir metas con responsabilidad.

No es un lujo, sino una base; no es una moda, sino una práctica constante que se renueva a través de cada nueva experiencia en contacto con lo natural. Por eso, cuando cierro los ojos ante la idea de avanzar, lo que resuena no es solo una estrategia para ser más productivo, sino la certeza de que la naturaleza me acompaña en este camino: me recuerda quién soy, me enseña paciencia y me inspira a vivir con propósito, día tras día, bajo un cielo que nunca deja de recordarme la grandeza de lo que aún está por descubrir. Estas vivencias continúan iluminando mi camino, recordándome el poder curativo de la conexión natural.

A lo largo de los años, cada encuentro con el entorno que me acompaña ha dejado una marca indeleble, no como una curiosidad, sino como una sabia guía para vivir con mayor claridad, paciencia y responsabilidad. Este capítulo recoge, en forma de memoria viva, momentos personales que subrayan la fuerza transformadora de la naturaleza en mi ánimo, en mi toma de decisiones y en mis relaciones con otros.

Recuerdo, con la nitidez de un atardecer sobre el río, aquellos días en que la vida parecía empañar las ideas y hacer tambalear los pasos. En medio de una crisis financiera de las que prueban la fe, fue la quietud de un parque, el crujir de las hojas bajo mis pies y el murmullo del agua lo que me ofreció un respiro suficiente para respirar con claridad. No se trataba de huir de la realidad, sino de observarla sin la urgencia que la mente impone cuando está bajo presión. Me senté en un banco y permití que la respiración ordenara el caos.

En ese instante supe que las respuestas no vendrían como un trueno, sino como una corriente que se forma gradualmente. Un plan sencillo emergió: revisar gastos innecesarios, redefinir prioridades y, sobre todo, distinguir entre metas que podían esperar y aquellas que requerían acción inmediata. La naturaleza me mostró que el progreso no llega de golpe, sino a través de constancia, repeticiones pequeñas y elecciones reiteradas con conciencia. Esa experiencia no borró la ansiedad del momento, pero sí amortiguó su intensidad, permitiéndome pensar con un nivel de distancia que, de otro modo, habría sido imposible.

Otra vivencia significativa está vinculada a la paciencia que se aprende al observar la vida lenta de lo que nos rodea. En una ocasión, pasé horas junto a un jardín de plantas jóvenes. Las vi emerger de la tierra, con un esfuerzo discreto pero insistente, sin prisa por demostrar pronto su valor.

Fue una lección sobre la necesidad de considerar el tiempo como aliado y no como enemigo.

Desde ese día, cuando planteo metas a largo plazo, recuerdo ese suave brote verde: cada paso, por pequeño que parezca, aporta al conjunto.

Esa sensibilidad me ayuda a evitar la trampa de la inmediatez, a entender que las metas que valen la pena requieren constante cuidado, riego sostenido y, sobre todo, paciencia para soportar etapas de incertidumbre. En la vida diaria, este aprendizaje se traduce en una aproximación más serena ante imprevistos, en la capacidad de sostener esfuerzos continuos sin saturarme y en la gratitud por el simple hecho de poder avanzar un poco cada día.

Un tercer momento destacable se dio en una caminata junto a un sendero ribereño, cuando las olas del agua y el canto distante de las aves parecían susurrar respuestas que antes no osaban salir de mi interior. En ese instante, un dilema de negocio me empujaba a tomar una decisión arriesgada, impulsada por un optimismo que no tenía respaldo suficiente en la realidad.

Fue la presencia del entorno, otra vez, la que me llevó a detenerme y a replantear: ¿qué peso le doy a mi capital? ¿Qué margen de seguridad necesito para no desbordarme ante una posible caída? Volví a casa con una nueva regla: ante cada elección de alto riesgo, buscaría una opinión independiente y montaría un plan conservador que protegiera lo ya ganado. Ese episodio me recordó que la naturaleza no tolera la precipitación y que las decisiones deben tomarse con el mínimo de tensión posible, a la espera de que la evidencia se reúna con calma.

A partir de esa experiencia, aprendí a equilibrar ambición y prudencia, a sostener la mirada en el horizonte sin perder de vista el terreno inmediato. He contado estas historias con la intención de mostrar que la relación con la naturaleza no es un lujo estético, sino una fuente de juicio y de ética que se manifiesta en la vida profesional y personal. Otra experiencia relevante fue la de un encuentro con la fidelidad y la presencia de un animal en un tramo de mi ruta diaria. No fue un gran relato de triunfo profesional, pero sí un pequeño recordatorio de que lo esencial se sostiene con constancia y compañía cuando se comparte el camino.

Un perro que me acompañó durante varios minutos de caminata me enseñó, con gestos simples, que la presencia del otro puede ser un ancla para momentos de duda. Su paciencia ante mi cansancio y su lealtad para continuar, sin pedir más que el simple acto de estar juntos, me recordaron la importancia de escuchar, de valorar las aportaciones de quienes caminan a nuestro lado y de agradecer las pequeñas muestras de apoyo que a veces pasan desapercibidas. Esas señales, hechas de atención y presencia, fortalecen vínculos y abren posibilidades de colaboración que no se verían si la mente está cerrada al otro.

De estas vivencias extraigo una conclusión central: la curación y la claridad no se compran con dinero ni se obtienen de un golpe de suerte; se cultivan en la vida diaria, cuando nos permitimos estar en contacto con el mundo natural y abrirnos a las lecciones que emergen de ese contacto. Por eso, más allá de los momentos puntuales, lo que permanece es la memoria de haber vuelto a casa con el corazón más ligero y con ideas más simples, pero más firmemente enraizadas: vivir con propósito, actuar con responsabilidad y cultivar una mirada que preste atención a lo que la naturaleza dice sin palabras.

Estas experiencias, repetidas a lo largo de los años, se funden en una práctica cotidiana que sostiene mi bienestar mental, mi capacidad de tomar decisiones sostenibles y mi interés por construir relaciones basadas en la confianza y el aprendizaje compartido. En mi vida cotidiana, la influencia de la naturaleza se ha vuelto una brújula para las acciones. Cuando me levanto para hacer una caminata matutina, la mente se desacelera, y las ideas que parecían dispersas comienzan a ordenar su curso, revelando prioridades que antes estaban ocultas por la prisa. Al trabajar, la inspiración que proviene del entorno natural se transforma en foco: las distracciones se desvanecen y la productividad se sostiene, no por una fuerza de voluntad desatada, sino por un ritmo que la experiencia con la naturaleza ha enseñado a respetar.

Y, sobre todo, estas vivencias me recuerdan la fragilidad y la interconexión de todo lo que nos rodea: cada decisión tiene un eco en el mundo natural, así como cada gesto de cuidado que practicamos en nuestra vida cotidiana retorna multiplicado, en forma de calma, claridad y relaciones más profundas.

Quisiera dejar claro que estas historias no buscan grandilocuencia, sino evidenciar un aprendizaje que se va consolidando con el tiempo. La naturaleza, con su paciencia, su fidelidad y su capacidad para sostenernos, actúa como una aliada silenciosa que nos invita a ser mejores versiones de nosotros mismos. Cada experiencia, por más modesta que parezca, se convierte en una semilla que puede germinar en hábitos que perduran: paseos diarios, momentos de reflexión en silencio, agradecimiento por lo que ya se tiene y una actitud de aprendizaje continuo que no se agota ante el primer obstáculo.

En este sentido, el plan de vida que acompaña mis días no es una lista rígida de reglas, sino un camino que se va trazando a partir de la atención plena a lo que la naturaleza ofrece: señales, ritmos y enseñanzas que, con el tiempo, me ayudan a sostener una vida más equilibrada, más consciente y más conectada con el mundo que me rodea.

Al mirar hacia atrás, veo que esas experiencias, lejos de ser eventos aislados, son hilos que fortalecen el tejido de mi existencia y que me permiten seguir avanzando con una visión clara, una mente serena y un corazón dispuesto a aprender de cada paso en el camino.

CAPITULO 4

SABIDURIA DEL INSTINTO

"Confia en ti mismo. Sabes más de lo que crees. "

Benjamin Spok

Los animales han sido mis guías inesperados, impartiendo lecciones de vida que ningún libro podría igualar. A lo largo de mi infancia y de mi vida adulta, he encontrado en ellos un espejo honesto que refleja comportamientos simples pero potentes: fidelidad, visión, paciencia y una presencia que nos recuerda vivir el momento sin perder de vista metas más amplias. Esta sección reúne las experiencias que, desde mi punto de vista, fortalecen una empatía profunda y una comprensión más clara de cómo nuestras acciones cotidianas pueden sostener relaciones y proyectos a lo largo del tiempo.

No se trata de antropomorfizar a los seres no humanos, sino de reconocer en sus conductas patrones que, bien interpretados, pueden enriquecer nuestra vida personal y profesional. Las lecciones que he aprendido de los animales no son modas pasajeras; son principios que, repetidos, se convierten en hábitos que sostienen el esfuerzo humano cuando las fuerzas parecen menguar. La primera historia que ilumina este recorrido tiene que ver con la fidelidad inquebrantable de un perro que me acompañó en mi niñez.

Su presencia constante, su vigilancia tranquila y su capacidad de permanecer al lado cuando el mundo parecía incierto me enseñaron, mucho antes de entenderlo en palabras, que la confianza no se negocia con gritos ni con grandes gestos. La fidelidad no es abandonar en los momentos difíciles; es estar presente, es sostener cuando otros dudan, es mantenerse firme a través de las pruebas sin buscar elogios.

En mis relaciones y en mis compromisos laborales, esa lealtad se convirtió en una guía silenciosa. Construye un clima de seguridad tanto para quien está al frente del grupo como para quien lo acompaña; es, al mismo tiempo, un compromiso con la palabra dada y con la acción coherente con esa palabra. En la práctica —al menos en mi experiencia— la fidelidad guiaba mis decisiones: cuando surgían tensiones en un equipo, en lugar de buscar culpables o huir ante la presión, recordaba el ejemplo canino y me preguntaba quiénes habían estado allí desde el principio, quiénes habían aportado con su presencia y su esfuerzo.

Reconocer ese aporte no era un acto de orgullo, sino un reconocimiento estratégico de que el logro colectivo depende, ante todo, de la capacidad de sostenerse juntos, incluso cuando el camino es áspero. Esa comprensión, repetida en la vida cotidiana, fortalecía vínculos y abría espacios para propuestas nuevas, incluso en circunstancias complicadas. El entorno de reconocimiento que se forjaba alrededor de esa fidelidad permitía, poco a poco, que nuevas iniciativas nacieran con la confianza suficiente para asumir riesgos calculados, asegurando que cada paso fuera un avance con fundamento y no un impulso aislado.

La segunda historia que se incorpora a este repertorio de aprendizajes proviene de la vista amplia de un águila en vuelo. En momentos de duda financiera o de incertidumbre respecto a la dirección de un proyecto, la imagen de esa aerodinámica maestra del cielo me recordaba la importancia de mantener una visión amplia sin perder de vista los detalles.

El águila no se deja cegar por el obstáculo inmediato; sabe evaluar la distancia, identificar las corrientes de aire y elegir la ruta que, aunque exigente, ofrece la mejor posibilidad de alcanzar su objetivo. Esa lección se traduce en decisiones audaces cuando están bien fundamentadas en una claridad de propósito. No se trata de lanzarse sin red, sino de sostener una convicción basada en información, en el valor de los datos y en el coraje de perseguir una meta que merece el esfuerzo. En mi propia experiencia, ante momentos de tentación o de optimismo desbordante, volvía a esa imagen de la cumbre: ¿qué distancia me separa de mi objetivo? ¿Qué elementos necesito para reducir el riesgo y aumentar la probabilidad de éxito?

Esa pregunta guiaba mis pasos hacia un plan más consciente: descomposición de la gran meta en hitos alcanzables, evaluación de costos y beneficios y, sobre todo, disposición para rectificar el rumbo cuando las circunstancias lo demandaban. El águila, en su quietud en el aire, enseñaba a darle espacio a la reflexión, a buscar evidencia y a sostener la decisión con la disciplina necesaria para no ceder ante impulsos momentáneos. Cuando las nubes de la duda se presentaban, repetía aquella imagen en mi mente y recordaba que la valentía no es ausencia de miedo, sino la capacidad de volar por encima de él, con un plan que sostiene la ruta elegida y la confianza en que cada decisión se apoya en la visión de conjunto.

La tercera lección nace del contacto cotidiano con una granja familiar, donde las vacas ofrecen una enseñanza de paciencia y rutina. En esa vida de trabajo constante, el progreso no aparece de golpe; llega como resultado de hábitos sostenidos en el tiempo. La paciencia, aprendida al observar a esos seres tranquilos, se convirtió en una forma de entender las metas a largo plazo: algunas requieren cuidado diario, repetición de acciones simples y la fe de que, con el tiempo, los resultados se manifestarán. Esa disciplina silenciosa de la rutina diaria —una plegaria de constancia que parece menor frente a los grandes logros— se convirtió en una brújula para actuar con prudencia y consistencia.

En mis proyectos y en mis relaciones, la paciencia me recordó que el éxito no es una explosión de energía, sino una acumulación lenta de esfuerzos repetidos: revisar avances, ajustar prioridades, reforzar bases y volver a empezar cuando hiciera falta. Las vacas, con su presencia serena, me enseñaron que la repetición de hábitos simples puede sostener cualquier empresa cuando el entorno se torna incierto. Esa constancia, lejos de ser pasividad, es una actitud proactiva: cada día se realizan gestos que, sumados, definen la trayectoria. Estas tres fuentes de enseñanza animal —la fidelidad del compañero canino, la visión amplia del águila y la paciencia cotidiana de las vacas— conforman una ética de vida que trasciende las palabras y se manifiesta en hechos.

La empatía hacia los otros seres vivos, ***la humildad*** ante la sabiduría de la naturaleza y la capacidad de observar sin juicios excesivos se convierten en herramientas para vivir de forma más plena. He descubierto que la simplicidad de un acto bien hecho, repetido en el tiempo, puede ser más transformadora que cualquier solución de gran impacto en un solo momento. Los animales no pretenden enseñarnos con sermones; nos muestran, con su conducta, una forma de estar en el mundo que está libre de adornos: actúan con fidelidad, miran desde las alturas y trabajan la tierra con paciencia. Esa simplicidad es un recordatorio poderoso de que la vida se trata de conexiones auténticas y de una perseverancia natural, valores que puedo aplicar en cada relación, en cada proyecto y en cada decisión que tomo.

Estas lecciones han permeado mi cotidianidad, enriqueciendo mi perspectiva con sabiduría instintiva. Aprendí a distinguir entre la prisa que presiona para obtener resultados inmediatos y la paciencia que respira el tiempo necesario para que esos resultados maduren. Comprendí que la fidelidad no es solo un estado emocional, sino una actitud que sostiene compromisos y genera confianza mutua.

La visión que me ofrece el águila no es solo un don de inteligencia o de coraje aislado, sino una práctica de evaluación continua: mirar el panorama, identificar oportunidades, anticipar peligros y decidir con un marco de referencias que no se altera ante la adversidad. Y la paciencia de las vacas, que parece simple, es una lección poderosa sobre la gestión del tiempo : no todo debe resolverse ya; algunas cosas requieren esperar, observar y actuar cuando los signos sean compatibles con el objetivo final.

En suma, las experiencias con los animales no son anécdotas aisladas; son un conjunto de pautas para vivir con intención, para cultivar relaciones que resistan la presión del día a día y para sostener proyectos que exigen tiempo, cuidado y dedicación. Mirar a la naturaleza y a sus habitantes desde esta perspectiva me ha permitido enfrentar con mayor calma los dilemas de la vida profesional.

La presencia de estas figuras en mi memoria funciona como una brújula interior: cada vez que me encuentro ante una decisión crucial, me pregunto qué aprendizaje podría extraer de la fidelidad de un amigo canino, de la visión amplia de un ave de rapiña o de la paciencia estructurada de las vacas.

No se trata de copiar comportamientos ajenos, sino de traducir su enseñanza a mi contexto: ser leal y confiable con mis compañeros, mantener una visión estratégica que guíe mis proyectos a lo largo del tiempo y cultivar la paciencia necesaria para que las acciones diarias se conviertan en un resultado sostenible. En ese proceso, la empatía por otras criaturas y la atención a su bienestar se integran como un recordatorio constante de que el crecimiento personal está conectado con el cuidado del entorno y de quienes comparten ese camino.

Al mirar hacia adelante, comprendo que estas lecciones de los animales no terminan aquí. Continuarán guiando mi relación con el trabajo y conmigo mismo, marcando una pauta de comportamiento que promueve la humildad, la constancia y la responsabilidad compartida. Las historias de un perro fiel, de un águila que anhela alturas y de vacas que trabajan la tierra se transforman en un marco para vivir con propósito: una vida en la que las acciones cotidianas, reiteradas con paciencia y en armonía con el entorno, son las que hacen posible el progreso sostenible.

En estas páginas, la simplicidad de la naturaleza revela una complejidad serena: la capacidad de mantener el rumbo cuando las circunstancias se enredan, la habilidad de escuchar antes de actuar y la sabiduría de comprender que, a veces, la mayor fortaleza reside en el aporte de otros seres que cruzan nuestro camino. Con esa comprensión, sigo tejiendo una vida que honra la relación entre el esfuerzo humano y las señales que la vida natural ofrece, una vida que sabe de la riqueza de lo simple y de la belleza de lo bien hecho.

Las lecciones que los animales me han dejado no se limitan a la admiración por su nobleza o a una simple curiosidad. Han sido, en verdad, guías silenciosos para entender la empatía como una práctica cotidiana, una habilidad que nos obliga a mirar más allá de nosotros mismos y a reconocer que otros seres, humanos o no, buscan dignidad, seguridad y sentido en su existencia. Cuando observo a un animal, no me limito a notar su comportamiento; intento escuchar aquello que su presencia sugiere sobre nuestras propias maneras de relacionarnos, de cuidar y de colaborar. En ese sentido, las conexiones con otras especies se vuelven una suerte de espejo que revela cuáles son los valores que realmente sostienen nuestras acciones: fidelidad, visión compartida, paciencia y la humildad de no asumir que lo sabemos todo.

Una de las imágenes más tempranas que aún guardo en la memoria es la lealtad de un perro que me acompañaba durante mi infancia. No era un compañero doméstico cualquiera; era alguien que parecía comprender cuándo necesitaba compañía sin invadir mi espacio con palabras. Esa fidelidad, vista desde la distancia de los años, ha sido para mí una escuela de relaciones: cuando un vínculo se sostiene por décadas, no es por un solo gesto, sino por una constancia que se manifiesta en el día a día. En mis relaciones y en mis compromisos laborales, he intentado traducir esa fidelidad canina en una actitud de servicio y de compromiso con lo que otros aportan.

No se trata de subestimar mis metas ni de eclipsar mi esfuerzo, sino de reconocer que el éxito, a menudo, es el resultado de esfuerzos continuos en compañía de quienes me rodean. Si un proyecto prospera, es porque alguien ha estado allí para alinear intereses, compartir cargas y sostener la mirada cuando la ruta se nubla. Este aprendizaje no reclama protagonismo propio; lo que busca es que cada decisión, cada plan, lleve la marca de la cooperación y la confianza entre distintos actores —humanos o no— que contribuyen a un objetivo común.

El vuelo de un gavilán, en cambio, aportó una lección de visión amplia y de coraje para perseguir sueños audaces. En momentos de incertidumbre financiera, la experiencia de ver a esa ave elevarse con precisión y sin titubeos me recordó que la valentía no es ausencia de miedo, sino la capacidad de situar el objetivo en un plano mayor y avanzar con una estrategia que respete esa perspectiva.

La presencia del animal en medio de mis dudas me obligó a escuchar de nuevo mis propias palabras: ¿qué tan grande es la meta que persigo? ¿Qué tipo de acción es necesaria para sostenerla sin perder de vista el conjunto? Esa reflexión no sólo se aplica a las metas de negocio; también moldea mis decisiones personales, aquellas que requieren asumir riesgos calculados sin ingenuidad.

A veces, la verdadera valentía consiste en confirmar que la ruta escogida se alinea con un propósito más amplio, en consultar voces autorizadas, en revisar constantemente el peso de cada capital invertido y en estar dispuesto a redirigir el curso cuando la evidencia lo exige. En ese equilibrio entre aspiración y prudencia, la imagen del gavilán funciona como una brújula: me recuerda que no debo sacrificar la coherencia por la adrenalina del momento, y que una visión compartida puede convertir un plan ambicioso en una realidad realizable.

La paciencia que aprendí en la granja, observando a las vacas en su ritmo cotidiano, también dejó una marca indeleble en mi forma de relacionarme con el mundo. En tiempos de crisis, esa paciencia se convirtió en una aliada para no precipitar decisiones que luego podrían volverse cuesta arriba. La paciencia, en este marco, no es resignación, sino sabiduría práctica: entender que el progreso llega de forma gradual, que las metas a largo plazo requieren cuidado, repetición y una atención constante a los detalles.

Ver a esas criaturas moverse con una cadencia firme me hizo comprender que las relaciones y los proyectos también maduran con el tiempo. Al aplicar ese aprendizaje en mis interacciones diarias, aprendí a escuchar con más atención, a no responder con prisa cuando la conversación demanda reflexión, y a sostener un compromiso con la calidad a lo largo de cada etapa del desarrollo.

Esa paciencia se traduce en una presencia más consciente: en vez de actuar impulsivamente ante cada estímulo, me detengo, observo, evalúo y sigo adelante con mayor claridad. Estas lecciones, tomadas en conjunto, han cultivado en mí una empatía que va más allá de la simpatía hacia los animales o la naturaleza. Hacia otros seres —especialmente las personas que trabajan o conviven cerca de mí— la empatía se manifiesta como una escucha atenta y una apertura para comprender realidades distintas.

Cuando observo a un animal, no es raro que me vea obligado a preguntarme por qué alguien podría actuar de cierta manera, por qué ciertas preocupaciones dominan su día, qué miedos o motivaciones subyacen a su conducta. Esa curiosidad, transformada en respeto , se traduce en una ética del trato que valora la dignidad de cada ser y evita simplificaciones o juicios precipitados. En la práctica, esto implica pedir retroalimentación , agradecer las aportaciones ajenas y estar dispuesto a reconocer que no siempre tengo la razón. También significa crear espacios donde otros puedan expresar dudas, temores o necesidades sin sentirse amenazados.

Es en esa convivencia de mundos distintos donde la empatía se madura y se fortalece. La presencia, otro regalo de estas experiencias, se ha vuelto una guía para mis decisiones cotidianas. Aprendí a vivir en el momento sin perder de vista el propósito. La conexión con otros seres —ya sean perros, halcones, vacas o incluso peces que tal vez nunca vea en carne y hueso— me recuerda que cada instante encierra una posibilidad de contribuir al bien común.

Este enfoque no niega la complejidad de la vida moderna ni la urgencia de los resultados; al contrario, la empatía que nace de estas observaciones me impulsa a buscar soluciones que integren el bienestar humano, la responsabilidad ambiental y el cuidado de otras especies.

Si en algún momento el ruido y el desorden del mundo me desbordaron, fue precisamente en el silencio de un sendero, al escuchar el susurro de las hojas o el fluir de un arroyo, donde encontré una orientación más serena para mis actos. La calma que nace de esa conexión no es pasividad; es una fuerza que canaliza la energía hacia decisiones más claras y más humanas.

En este recorrido, la empatía hacia otras especies no se queda en la abstracción; se transforma en una ética de acción. Por ejemplo, cuando se trata de gestionar un proyecto con impacto ambiental o social, las voces de quienes cuidan los ecosistemas, o de los animales que participan indirectamente en ese proceso, merecen ser escuchadas con el mismo respeto que aquellas provenientes del mundo financiero o corporativo. Ahí se revela una verdad sencilla: las decisiones que respetan la complejidad de la vida tienden a sostenerse mejor ante la adversidad.

Si los riesgos se analizan con ojos empáticos, es más probable que se identifiquen soluciones creativas, se mitiguen efectos negativos y se forjen alianzas entre personas de distintos contextos y saberes. En ese proceso continuo de aprendizaje y cooperación, la empatía hacia las demás especies actúa como un puente que transforma el conocimiento técnico en sabiduría práctica, capaz de guiar acciones que respeten la dignidad de todos los seres que participan en la historia común que compartimos.

Concluyo que estas conexiones —con perros, aves, vacas y con toda la vida que nos rodea— no son accesorios estéticos de la experiencia humana, sino su fibra más constante y esencial. La empatía hacia otras especies expande mi identidad de tal modo que ya no me concibo solo como un individuo que persigue metas, sino como parte de una red de seres que se sostienen mutuamente. Esta conciencia me invita a vivir con más cuidado, a actuar con mayor responsabilidad y a recordar que cada relación, por pequeña que parezca, tiene el potencial de enriquecer el tejido de la vida.

Si hay una última enseñanza que quisiera subrayar, es que la conexión con el reino animal y con la naturaleza nos recuerda que la verdadera fortaleza no reside en la dominación ni en la acumulación, sino en la capacidad de escuchar, de colaborar, de adaptarse y de agradecer el privilegio de compartir este planeta con otras formas de existencia.

Al mirar hacia adelante, llevo conmigo esa certeza: al final, ser más consciente, más empático y más atento a las voces de otras especies no nos debilita, sino que fortalece el camino humano hacia un equilibrio que sea, al mismo tiempo, sostenible y verdaderamente humano.

CAPITULO 5

TECNOLOGÍA y NATURALEZA

"La Tecnología debe servir a la vida, no reemplazarla."

Albert Einstein

La tecnología, lejos de ser enemiga de la naturaleza, se ha convertido en su aliada más poderosa. No hablo aquí de herramientas abstractas o distantes, sino de instrumentos tangibles que permiten comprender mejor el mundo natural, actuar con mayor precisión y ejercer un activismo ambiental más democrático y efectivo.

En este viaje, la decisión de emplear la innovación con claridad de propósito se convirtió en una forma de practicar el cuidado: monitorear lo que ocurre en los bosques y los cultivos, intervenir cuando es necesario, y compartir el conocimiento de manera que otros también puedan contribuir. Es una visión en la que la física de los satélites y la inteligencia artificial se funden con la ética del cuidado, para tejer una red de protección y preservación que trasciende las acciones individuales.

El monitoreo satelital, por un lado, ofrece una mirada amplia y continua sobre áreas que sería impracticable vigilar de otro modo. La posibilidad de rastrear deforestación, incendios, cambios en el uso del suelo y variaciones en la cubierta vegetal en tiempo real permite identificar patrones de amenaza y responder con rapidez. En mi experiencia, estas imágenes no son meros datos; son señales que activan una respuesta concreta. De forma complementaria, los drones, equipados con sensores tanto simples como costosos por su funcionalidad, se han convertido en una extensión de nuestra acción sobre el terreno. En zonas erosionadas o de difícil acceso, pueden plantar semillas, distribuir materiales de cobertura y entregar datos in situ que ayuden a entender el estado de un ecosistema.

Es impresionante observar cómo estas plataformas, que parecen salidas de un laboratorio, se integran a prácticas comunitarias. No se trata de una glorificación de la tecnología por la tecnología, sino de una demostración de que la intervención humana puede ser más cuidadosa cuando está asistida por herramientas que permiten medir, ajustar y mejorar. La semilla sembrada por un dron no es sólo una planta; es una promesa de resiliencia para una ladera que ha sufrido por la degradación y de la cual la comunidad espera obtener frutos en el sentido más literal y simbólico.

La experiencia cotidiana también se nutre de la analítica de datos aplicada a recursos como el agua en huertos comunitarios o jardines urbanos. Mediante software de análisis, es posible optimizar el riego, programar la dosis de nutrientes, entender patrones de consumo y reducir el desperdicio. Este tipo de gestión basada en datos transforma una práctica tradicional en una labor de precisión: se trata de respetar los recursos disponibles y, al mismo tiempo, ampliar el impacto positivo.

En proyectos de base comunitaria, la recopilación de información sobre consumo, precipitaciones, calidad del suelo y respuesta de las plantas abre la puerta a decisiones más inteligentes y sostenibles. Al final, la tecnología no sustituye la intuición ni el saber local, sino que los potencia y los acompaña con evidencia, permitiendo que las comunidades actúen con mayor confianza y menos temores ante lo desconocido.

La democratización del activismo ambiental es otro pilar de este enfoque tecnológico. Los smartphones y las plataformas abiertas permiten a cualquiera participar, no solo a quienes trabajan en instituciones o universidades. Hoy es posible que un vecino reporte una amenaza de deforestación, que una joven estudiante analice datos para entender una sequía local, o que un grupo escolar desarrolle un prototipo de solución basado en sensores simples para un jardín comunitario.

Este acceso distribuido a herramientas de observación, análisis y acción es, en sí mismo, una forma de empoderamiento. No se trata de reemplazar a los expertos, sino de ampliar la base de colaboración, de construir una cultura de responsabilidad compartida donde cada persona pueda contribuir con su experiencia y su tiempo, desde el lugar donde está.

Cuantas más voces participan, más robusta es la respuesta ante desafíos complejos como la pérdida de biodiversidad, los efectos de la contaminación o los impactos del cambio climático. La promesa de la tecnología para predecir desastres climáticos y mitigar sus efectos es quizá uno de los aspectos más estimulantes de este camino. Los modelos predictivos, alimentados por observación satelital, sensores de campo y datos históricos, pueden identificar con antelación áreas de riesgo y orientar acciones preventivas: evacuaciones coordinadas, refuerzo de infraestructuras, conservación de hábitats críticos y movilización de recursos antes de que la emergencia estalle.

Esta capacidad no es una promesa vacía, sino una invitación a planificar con anticipación, a invertir en resiliencia y a evitar decisiones improvisadas que suelen costar más a las comunidades. Por supuesto, toda predicción conlleva incertidumbre, y la gestión de esa incertidumbre es precisamente lo que define una intervención responsable: informar de manera transparente, mantener ***la humildad*** ante lo desconocido y buscar corroboración de múltiples fuentes para afinar las estrategias. En este marco, la coherencia entre tecnología y ecología pasa por una conversación continua entre innovación y valores humanos.

La tecnología no debe convertirse en un fin en sí misma, sino en un medio para sostener un mundo vivo. Eso implica diseñar herramientas que respeten la diversidad cultural y las necesidades de comunidades vulnerables, promover estándares que protejan la privacidad y la soberanía de los territorios, y priorizar soluciones que generen beneficios compartidos a largo plazo. Significa también cuestionar nuestras propias prácticas: qué intuiciones estamos privilegiando, qué sesgos tecnológicos podrían excluir a quienes no tienen acceso a redes o dispositivos, y cómo garantizar que las soluciones lleguen a quienes más lo necesitan, no solo a quienes pueden comprarlas o utilizarlas en contextos urbanos.

Un caso ilustrativo (y, en su esencia, humilde) puede ayudar a entender esta sinergia:

En una comunidad rural, un equipo interdisciplinario integró imágenes satelitales para identificar zonas de deforestación alrededor de una reserva local. Con esa información, se coordinó con escuelas y organizaciones civiles para diseñar un plan de intervención que incluyó reforestación, restauración de suelos y un programa de educación ambiental para jóvenes. Paralelamente, se implementó un sistema de riego eficiente en un huerto comunitario urbano, respaldado por sensores simples que indicaban cuándo regar y cuánto, reduciendo el consumo de agua sin sacrificar la productividad.

Un grupo de voluntarios, con apoyo de una plataforma móvil, compartió alertas sobre cambios en el paisaje, pruebas de calidad del suelo y observaciones sobre especies presentes. El resultado no fue solo una mejora medible en la salud de la vegetación o en la gestión del recurso hídrico, sino un fortalecimiento de la cohesión comunitaria: las personas que antes no se veían como parte de la solución comenzaron a asumir roles activos, a valorar el conocimiento práctico de quienes trabajan la tierra y a entender que la tecnología, utilizada con sensibilidad, amplifica la capacidad de cuidar y defender lo que amamos.

Este tipo de experiencias me confirma una convicción central: la fusión entre tecnología y naturaleza no es un choque de mundos, sino una alianza para sostener la vida. Cuando las herramientas se emplean para ampliar la observación, facilitar la acción y fortalecer la participación, emergen oportunidades para corregir errores, adaptar planes y construir un futuro más sostenible.

La tecnología, en su versión más responsable, se convierte en una extensión de nuestra humanidad: un puente que acerca a las personas, los ecosistemas y los derechos de las comunidades a un planeta saludable. En ese sentido, el mayor logro no es la precisión de un algoritmo, sino la capacidad de transformar conocimiento en acción que respete la dignidad de todas las formas de vida y que, al mismo tiempo, empoderé a las personas para vivir con mayor propósito y claridad.

Si hay una lección que se repite en estas experiencias es que la verdadera protección de la naturaleza nace de la combinación de ciencia, empatía y participación. La ciencia nos da herramientas para entender y predecir; la empatía nos recuerda a quiénes impactamos; la participación nos garantiza que las soluciones respondan a necesidades reales y se sostengan en el tiempo.

Cuando estas piezas se entrelazan mediante la tecnología, la preservación deja de ser una aspiración distante y se transforma en una práctica cotidiana, accesible desde la palma de una mano y ejecutable por comunidades enteras. Mi compromiso —y ojalá también el de muchos lectores— es seguir explorando estas posibilidades con ética, ***humildad*** y un reconocimiento claro de que la tecnología, para ser verdadera bendición, debe servir al bien común y al equilibrio de la naturaleza que amamos.

En síntesis, la fusión de tecnología y naturaleza no es una promesa vacía; es una invitación a repensar la forma en que vivimos, trabajamos y cuidamos nuestro entorno. Es una invitación a improvisar con responsabilidad, a medir con honestidad y a compartir con generosidad. Si logramos mantener ese rumbo, las ideas que hoy parecen futuristas pueden transformarse en hábitos cotidianos que alimenten no solo nuestra prosperidad personal, sino la salud de los ecosistemas y el legado de las generaciones futuras.

Esta es la visión que sostengo: una humanidad que utiliza la innovación para honrar la naturaleza, que acelera el aprendizaje sin sacrificar la prudencia y que, con cada avance tecnológico, fortalece la red de vida que nos sostiene a todos.

Al reflexionar, veo que estos proyectos son hilos esenciales en el tapiz de mi vida dedicada a la armonía entre tecnología y naturaleza. No se trata solamente de usar herramientas modernas, sino de entender cómo cada invento puede servir a un propósito más amplio: cuidar el mundo que habitamos, fortalecer comunidades y ampliar la consciencia sobre la responsabilidad que compartimos con todas las especies.

Desde esa perspectiva, la tecnología deja de ser un fin en sí misma y pasa a ser un medio para sostener la vida, preservar lo que queremos conservar e invitar a otros a sumarse a ese compromiso. Cuando miro hacia atrás, puedo distinguir varios proyectos que han marcado este camino de forma concreta y consciente. Uno de los más centrales ha sido el monitoreo por satélite aplicado a la detección y revisión de áreas afectadas por la deforestación. En la práctica, estas herramientas permiten observar cambios en la cobertura vegetal de forma continua, identificar focos de pérdida de bosques y activar intervenciones de manera oportuna, antes de que el daño se generalice.

Este tipo de vigilancia remota no busca invadir ni controlar, sino ofrecer una alerta temprana que permita a comunidades, autoridades y organizaciones civiles responder con rapidez, planificar restauraciones y proteger corredores biológicos que sostienen la biodiversidad local. La belleza de este enfoque reside en su capacidad de traducir datos complejos en acciones simples y coordinadas: una notificación aquí, una gestión de recursos allá, una respuesta comunitaria que involucra a agricultores, urbanistas y estudiantes.

En paralelo a la observación desde el cielo, los drones han entrado en mi repertorio como herramientas de acción directa y restauración. Equipados con sensores y, en algunos casos, con mecanismos de siembra, estos vehículos aéreos han permitido plantar semillas en zonas erosionadas o degradadas, donde la labor humana tradicional sería lenta o poco viable.

Este uso de la tecnología, lejos de reemplazar la intervención humana, la complementa: con precisión, repetición y un impacto ambiental mínimo, se puede apoyar la regeneración de suelos, la recolocación de especies nativas y la recuperación de microhábitats que sostienen insectos polinizadores, aves y pequeños mamíferos. Cada aterrizaje de drones en una parcela comprometida es, en sí mismo, un recordatorio de que la innovación puede traducirse en beneficios tangibles para el equilibrio de un ecosistema.

La gestión eficiente de los recursos también ha sido protagonista en mis experiencias. En un jardín comunitario, por ejemplo, he utilizado software de análisis de datos para optimizar el uso de agua, detectar fugas o derrames, prever necesidades según las estaciones y ajustar riegos de manera que se reduzcan pérdidas sin comprometer la productividad. Este tipo de herramientas no apunta a convertir la naturaleza en una mera fuente de datos; apunta a liberar a las personas de tareas repetitivas y a centrar la atención en decisiones estratégicas: qué cultivar, cuándo y dónde, cómo diversificar cultivos para lograr resiliencia, y qué prácticas conservacionistas incorporar.

En la práctica, el resultado es claro: menos desperdicio, más rendimiento sostenible y una relación más consciente con el entorno que nos sostiene.

A través de estos proyectos, se hace visible una verdad simple pero poderosa: la tecnología, cuando está guiada por un propósito ético y un marco de transparencia, puede democratizar el activismo ambiental. Ya no es necesario ser científico para participar; basta con un teléfono, curiosidad y ganas de colaborar. Las plataformas digitales permiten compartir observaciones, comparar resultados entre comunidades y coordinar esfuerzos entre vecinos, escuelas y organizaciones no gubernamentales.

Esta democratización no solo amplía el alcance de las iniciativas, sino que también diversifica las voces involucradas, enriqueciendo las soluciones y fortaleciendo el tejido social. El activismo ambiental deja de ser una lucha distante para convertirse en una práctica cotidiana de participación cívica, basada en datos, experiencias compartidas y responsabilidad común.

Otra dimensión relevante es la capacidad de la tecnología para anticipar y gestionar riesgos climáticos. Algoritmos que analizan patrones meteorológicos, caudales hídricos y tendencias de temperatura permiten prever eventos extremos y diseñar estrategias de mitigación más eficientes.

Con esa visión, comunidades y empresas pueden tomar decisiones anticipadas: ajustar planes de cultivo, proteger infraestructuras sensibles y priorizar acciones de protección de hábitats vulnerables. No se trata de abandonar la prudencia humana; se trata de dotar esa prudencia de herramientas que incrementen la probabilidad de respuestas acertadas cuando el clima se vuelve impredecible.

Este equilibrio entre previsión tecnológica y sensatez humana es, a mi modo de ver, una de las mayores promesas de la fusión entre tecnología y ecología: una ventana de oportunidad para actuar con mayor precisión sin perder la humildad ante la complejidad de la naturaleza. Con todo esto, no quiero que estas experiencias se perciban como proyectos aislados; forman parte de un compromiso de vida más amplio.

La tecnología que empleo no persigue la velocidad por la velocidad, sino el impacto positivo y el aprendizaje continuo. Por eso, cada iniciativa viene acompañada de una evaluación ética y social: ¿quién se beneficia?, ¿qué riesgos existen?, ¿cómo pueden las comunidades participar en las decisiones?

Esta mirada evita que la innovación sea fuente de desigualdad o de dependencia tecnológica; la transforma en un catalizador de autonomía, aprendizaje y cooperación. Así, las herramientas se convierten en puentes entre saberes tradicionales y avances modernos, entre quienes conocen el territorio y quienes llegan con datos y metodologías. Mirando hacia el futuro, sigo liderando y acompañando proyectos que integran tecnología y ecología desde una perspectiva holística. Pienso en huertos urbanos apoyados por sensores que optimizan riegos, en programas educativos que enseñan a niños y jóvenes a interpretar mapas de uso del suelo, en iniciativas de restauración que conectan ciencia ciudadana con acciones concretas en el terreno.

Son ejemplos discretos, quizá, pero constantes en su efecto: una cultura de cuidado que se multiplica cuando más personas se suman, aportando ideas, evaluaciones y testimonios de resultados. Y, sobre todo, son recordatorios de que la tecnología puede ser una aliada serena, no un tirano eficiente: una herramienta para sostener, inspirar y enriquecer la vida en comunidad.

Al mirar todo este conjunto, entiendo que la esencia no está en la novedad de la herramienta, sino en la intención que la guía y en la forma en que su uso se alinea con valores de responsabilidad, equidad y protección de lo vivo. Este enfoque equilibrado me mantiene atento a los límites éticos y a las consecuencias sociales de cada implementación, buscando siempre que el beneficio llegue a las comunidades y a las especies con las que compartimos el planeta.

En definitiva, la fusión de tecnología y naturaleza, cuando está enraizada en la empatía, la cooperación y el deseo de un mundo más sostenible, no es una promesa vacía, sino un método práctico para tejer un futuro en el que nuestras decisiones diarias respondan a una visión compartida de cuidado y plenitud para todas las formas de vida.

CAPITULO 6

RESILENCIA FINANCIERA

"La adversidad es una gran escuela para aprender a administrar la vida."

Napoleon Hill

Los fracasos financieros han sido capítulos dolorosos pero educativos en mi historia, y escribir sobre ellos me obliga a mirar desde la base misma cómo construyo mi relación con con el dinero, las decisiones y el camino que elegí recorrer. No fueron simples tropiezos; fueron momentos que revelaron con crudeza qué hábitos me sostienen y qué fallas debo corregir para no repetir errores.

En aquellos años, cuando la tentación de apostar por promesas brillantes me cegaba ante la realidad de los riesgos, aprendí que la economía personal no es una colección de aciertos aislados, sino un entramado de prácticas consistentes que sostienen la vida cuando golpea la incertidumbre. La memoria de aquellos fracasos, lejos de verse como vergüenza, se convirtió en un banco de lecciones que sigo consultando cuando las decisiones se vuelven complejas, cuando la presión del corto plazo amenaza con desbordar la claridad de propósito.

El primer episodio, el más contundente en su crudeza, fue la inversión total en un negocio que parecía prometer un retorno rápido y seguro. Aquella elección estuvo impulsada por la emoción del momento, por una lectura apresurada de las señales del mercado y, sobre todo, por un optimismo que no estuvo acompañado de un análisis suficiente. No hubo la debida diligencia, no se priorizó la evaluación realista de los riesgos, ni se consideró un plan de salida razonable ante señales de alerta.

El golpe fue duro: deuda acumulada, estrés intenso y la sensación de haber perdido no solo recursos, sino también una parte de la confianza en la capacidad de distinguir entre oportunidades y espejismos. Aprendí, en esa derrota, que la disciplina no es negar la emoción, sino gestionarla para que no gane a la razón. Empezó a aparecer entonces una conciencia más lúcida: que las metas financieras deben estar ancladas en datos, en escenarios razonables y en límites que protejan la estabilidad, incluso cuando la tentación de lo extraordinario se presenta con un brillo seductor.

Poco después llegó otro revés significativo: perder un empleo estable durante una recesión. El golpe fue diferente, menos abrupto en su forma, pero igual de contundente en su impacto emocional y práctico. En aquel momento, la primera respuesta fue la desesperanza, seguida rápidamente por una necesaria reconfiguración. Descubrí que la resiliencia no consiste en evitar el dolor, sino en convertir la adversidad en una oportunidad para aprender habilidades que no había puesto en primer plano.

Esa etapa me llevó a explorar horizontes que antes subestimaba, a cultivar una seguridad que no dependiera de un único empleo y a asumir un rol más activo en la generación de ingresos complementarios. Empecé a ver la diversificación de fuentes de ingreso no como un lujo, sino como una salvaguarda ante el giro impredecible de la economía.

En ese período de cambios, también entendí la importancia de gestionar el riesgo con un enfoque más prudente: un fondo de emergencia sólido dejó de ser una idea abstracta para convertirse en una herramienta concreta que me permitía navegar con mayor serenidad en aguas turbulentas. A medida que los fracasos se acumulaban y se convertían en cicatrices visibles, comenzó a nacer una línea de pensamiento más estructurada sobre la relación entre metas, hábitos y aprendizaje. Comprendí que las metas claras, cuando se acompañan de revisiones periódicas, se transforman en guías dinámicas que pueden ajustarse sin perder su norte.

La revisión periódica no es una señal de vacilación, sino una expresión de responsabilidad: reconocer que las circunstancias cambian, que la información disponible se actualiza, y que, para proteger la estabilidad, es imprescindible afinar el curso con honestidad. Con ese cambio de mirada, incorporé hábitos prácticos que han seguido funcionando: un presupuesto realista que recordaba la necesidad de priorizar y no gastar por gastar; el registro minucioso de gastos, que ponía en evidencia dónde se desvían los recursos; y la automatización del ahorro, que convirtió la disciplina en un impulso automático, menos agotador que depender de la fuerza de voluntad cada mes.

Estas prácticas, simples en apariencia, crearon una red de seguridad que me permitió enfrentar nuevos retos sin perder el equilibrio.

La diversificación de fuentes de ingreso y la gestión de riesgos emergieron como componentes centrales de un enfoque más consciente. En lugar de depender de una sola fuente, aprendí a distribuir esfuerzos entre distintas iniciativas, con una evaluación cuidadosa de cada una y un plan de contención ante posibles pérdidas. El fondo de emergencia dejó de ser una mera recomendación de finanzas personales para convertirse en una condición necesaria para cualquier intento de innovación o cambio de rumbo.

En paralelo, adquirí una actitud de aprendizaje continuo: leer, escuchar a mentores, participar en cursos cortos y, sobre todo, contrastar ideas propias con opiniones externas. Este movimiento constante hacia la educación no solo fortaleció mi capacidad para decidir con información, sino que también redujo la arrogancia que a veces acompaña a la certeza de quien cree saberlo todo. Aprender a pedir ayuda, a aceptar retroalimentación y a ajustar planes se convirtió en una disciplina que moldeó mi carácter y fortaleció la red de apoyo que sostiene mis esfuerzos.

Entre las lecciones más potentes está la importancia de ***la humildad*** como marco relacional. Admitir que no sé algo o que he cometido un error no es un signo de debilidad, sino una condición necesaria para abrir puertas a nuevas perspectivas. Pedir opiniones independientes, buscar asesoría externa cuando las circunstancias lo requieren y escuchar con paciencia a quienes tienen experiencias diversas se volvió un hábito que mejoró no solo mis decisiones financieras, sino también las dinámicas de trabajo y las relaciones personales.

La humildad dejó de ser una virtud pasiva para convertirse en una estrategia activa: una que facilita la cooperación, la colaboración y la capacidad de ajustar el rumbo con base en la realidad, no en la arrogancia de creer que todo está bajo control.

Un caso concreto ilustra con claridad la aplicación de estas estrategias. Frente a una decisión de inversión arriesgada, revisé con franqueza mis metas y evalué nuevamente el capital involucrado. Añadí una salvaguarda adicional para no quedar expuesto en caso de contratiempos, y busqué una opinión independiente que contrastara mi perspectiva con una revisión externa. A partir de esa consulta, decidí adoptar una postura más conservadora y reducir la envergadura del riesgo, reforzando así la idea de que el aprendizaje continuo debe guiar cada paso.

No se trataba de retroceder ante el desafío, sino de enfrentarlo con una combinación de prudencia y curiosidad: una forma de convertir una potencial derrota en una experiencia de crecimiento que alimenta decisiones futuras. Este episodio, como otros similares, consolidó mi convicción de que el progreso financiero no depende de la velocidad de las apuestas, sino de la calidad de las decisiones y de la capacidad de ajustar el rumbo cuando la evidencia lo exige. Hoy puedo decir que aquellos fracasos dejaron de ser meros episodios desagradables para convertirse en una base sólida para mi vida financiera y personal.

Las cicatrices que dejaron son recordatorios de que el aprendizaje nace de la adversidad y de que la verdadera fortaleza radica en la capacidad de convertir errores en conocimiento práctico. Además, he descubierto que la forma en que respondo a las dificultades influye directamente en el resultado final. Si permito que la ansiedad tome el control, corro el riesgo de tomar atajos que comprometan el futuro; si, en cambio, mantengo la calma, organizo la información y ajusto las estrategias, las probabilidades de salir fortalecido aumentan.

Este es, en esencia, el hilo conductor que atraviesa todos estos años: la idea de que la perseverancia debe ir acompañada de humildad, de una gestión cuidadosa del riesgo y de una curiosidad que no se apaga ante la primera caída. Este aprendizaje, lejos de ser estático, continúa evolucionando con cada decisión que tomo.

Entiendo que la vida financiera no es un destino fijo, sino un proyecto dinámico que exige atención continua: revisar metas, adaptar hábitos, diversificar fuentes, educarse sin cesar y, sobre todo, sostener una relación honesta conmigo mismo y con las personas que me rodean. ***La humildad,*** repetida en cada interacción y en cada revisión de planes, se revela como la clave para mantener un equilibrio entre ambición y responsabilidad, entre querer avanzar y saber cuándo detenerse para no poner en riesgo lo que ya se ha construido.

Si alguien me preguntara en qué consiste realmente el aprendizaje de estos años, diría que se trata de una práctica constante de convertir la experiencia dolorosa en una guía que orienta el presente hacia un futuro más estable y sostenible. Y aunque los obstáculos puedan volver a aparecer, la forma en que me enfrento a ellos —con claridad, con humildad y con un plan bien fundamentado— define no solo el resultado económico, sino el tipo de desarrollo humano que pretendo cultivar a lo largo de la vida. Con todo, este capítulo no busca glorificar el fracaso, sino exponerlo como un maestro inequívoco.

Las pérdidas financieras, cuando se miran como aprendizajes, dejan de ser estigmas para convertirse en instructores que fortalecen la disciplina, la paciencia y la capacidad de ver más allá de la inmediatez. Si hay una conclusión que irremediablemente emerge de estas experiencias, es que la verdadera riqueza no reside únicamente en el dinero, sino en la calidad de las decisiones, en la capacidad de recuperarse, en ***la humildad*** para aceptar el consejo de otros y en la voluntad de aprender continuamente.

Este marco de pensamiento no solo sostiene mi trayectoria, sino que también ofrece un mapa práctico para cualquiera que desee convertir sus fracasos en escalones hacia una vida más consciente, más estable y, sobre todo, más humana. La resiliencia que he ido cultivando en mi trayectoria financiera no es un rasgo meramente personal; es un conjunto de prácticas que convierten las caídas en aprendizajes y las dudas en acciones concretas.

A lo largo de los años, aprendí que el mayor obstáculo no siempre es la economía externa, sino la mentalidad con la que enfrentamos la adversidad. Cuando una meta parece inalcanzable o un gasto imprevisto amenaza la estabilidad, lo que determina el desenlace es, en gran medida, la claridad con la que definimos y revisamos nuestras metas, la disciplina con la que gestionamos el día a día y ***la humildad*** con la que pedimos ayuda o aceptamos retroalimentación.

En este marco, emergen cinco estrategias que han sostenido mi crecimiento: la revisión periódica de metas, la construcción de hábitos financieros sólidos, la diversificación de ingresos con una gestión de riesgos consciente, la educación continua y, finalmente, ***la humildad*** como pilar relacional que permite ajustar planes sin perder el rumbo. La primera estrategia, la claridad de metas con revisión periódica, funciona como un faro que no se apaga ante la niebla de la incertidumbre.

No basta con definir un objetivo al inicio; es necesario revisarlo con regularidad, comprobar si sigue alineado con la realidad presente y ajustar su relevancia dentro del conjunto de nuestras decisiones. En mi caso, esa revisión constante me salvó de mantener inversiones que ya no respondían a mis prioridades ni a mi capacidad de asumir riesgos. Al convertir las metas en guías vivas, evito que la presión del momento nuble el juicio y me aseguro de que cada paso esté respaldado por una lógica actual.

Este proceso no implica renunciar a las aspiraciones, sino reacomodarlas sobre la base de información reciente, cambios en el entorno y las lecciones acumuladas en el camino. Así, la meta deja de ser una imposición rígida para convertirse en una brújula flexible que orienta la acción cotidiana. La segunda estrategia se presenta en forma de hábitos prácticos que sostienen el esfuerzo cuando la motivación flaquea. El presupuesto se convierte en un instrumento de realidad, no en una disciplina ascética.

Registrar los gastos con rigor, incluso los menores, permite identificar desperdicios, reprogramar prioridades y anticipar tensiones financieras antes de que se conviertan en crisis. La automatización del ahorro, por su parte, reduce la fricción entre el deseo inmediato y el objetivo a largo plazo: al configurar transferencias automáticas, el acto de ahorrar se desliga de la tentación cotidiana y se transforma en una rutina estable.

La disciplina para cumplir con los presupuestos, especialmente frente a tentaciones o impulsos, es una habilidad que se cultiva con constancia y que tiene efectos acumulativos: cuanto más consistente soy, menos vulnerable me vuelvo ante la volatilidad del mercado y los cambios en la fuente de ingresos.

Estas prácticas, integradas en mi día a día, crean una base de seguridad que posibilita decisiones más audaces cuando la coyuntura lo exige.La tercera estrategia aborda la diversificación de fuentes de ingreso y la gestión del riesgo.

No se trata de depender de una única fuente de recursos; distribuir ingresos y prever posibles caídas del flujo permite atravesar períodos difíciles sin perder el rumbo. Junto a eso, la existencia de un fondo de emergencia funciona como un colchón que amortigua impactos inesperados y da tiempo para evaluar opciones sin verse obligado a tomar atajos peligrosos.

La debida diligencia en inversiones, por otro lado, implica examinar proyectos con un criterio más amplio: entender los riesgos, pedir opiniones independientes, estudiar escenarios y, cuando corresponde, aceptar que algunas inversiones deben reducir su peso o incluso descartarse. La gestión del riesgo no es miedo al cambio; es preparación para sostener el crecimiento cuando las circunstancias se modifican. En mi experiencia, la combinación de una reserva prudente y un enfoque consciente hacia cada oportunidad permite que el aprendizaje continúe sin que la presión por "salvar la situación" domine cada decisión.

La cuarta estrategia es la educación continua como motor de decisiones informadas. El mundo financiero y las herramientas disponibles evolucionan con rapidez, y quedarse estático equivale a retroceder. Leer, asistir a talleres, intercambiar con expertos y revisar casos prácticos se traduce en un repertorio de ideas que eleva la calidad de cada elección. La educación no es un gasto; es una inversión en previsión y en capacidad de adaptarse a lo imprevisible.

A medida que amplío mi base de conocimientos, también aumento mi confianza para enfrentar debates, analizar datos con mayor perspectiva y evitar sesgos que podrían nublar mi juicio en momentos decisivos. Este aprendizaje constante es, en sí mismo, una práctica de ***humildad*** aplicada al intelecto: admitir que no lo sabemos todo y buscar en la experiencia de otros las piezas que nos faltan para completar una visión más sólida.

La quinta estrategia, ***la humildad*** como marco relacional, funciona como el pegamento que mantiene vivo el aprendizaje en comunidades y equipos. Humildad no significa debilidad; significa reconocer límites, agradecer contribuciones ajenas y estar dispuesto a pedir ayuda cuando la complejidad de una situación lo demanda. Este enfoque facilita pedir feedback, aceptar críticas constructivas y ajustar planes sin que el orgullo boicotee la mejora.

En mi trayectoria, ***la humildad*** ha permitido que la colaboración florezca: equipos que aportan perspectivas distintas enriquecen las decisiones, y la ejecución se vuelve más robusta cuando se aprovecha la inteligencia colectiva. ***La humildad*** también protege las relaciones frente a tensiones: cuando se reconoce la vulnerabilidad y se busca apoyo, se fortalecen los lazos de confianza que sostienen proyectos a largo plazo.

En resumen, ***la humildad*** actúa como un puente entre la acción individual y la sabiduría de las comunidades con las que trabajamos, multiplicando el impacto de cada esfuerzo sin perder la responsabilidad personal.

De manera práctica, estas cinco estrategias se sostienen mutuamente. La claridad de metas facilita el diseño de hábitos y la evaluación de resultados; los hábitos fortalecen la disciplina y permiten sostener el aprendizaje continuo.

La diversificación de fuentes de ingreso reduce la exposición a shocks, y la educación constante eleva la calidad de cada decisión.

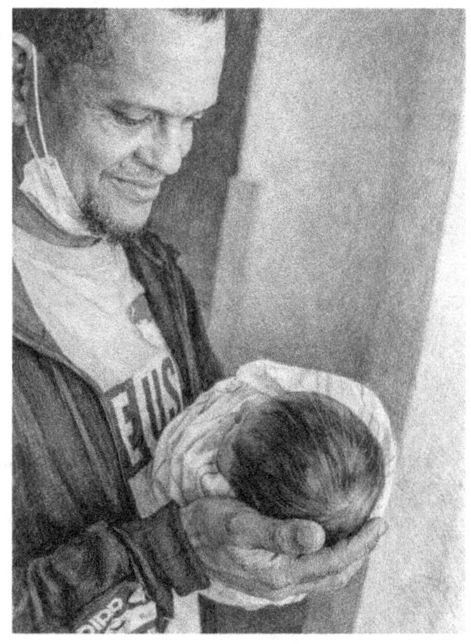

Todo ello, en consecuencia, facilita que ***la humildad*** florezca en las relaciones: cuando sé que no lo sé todo, no solo pido ayuda, también escucho con paciencia, acepto feedback y ajusto el rumbo para favorecer a todos los involucrados. Esta visión integrada es, a la vez, una filosofía de vida y un método operativo para caminar por caminos inciertos sin perder la capacidad de aprender y de contribuir.

El caso concreto que ilustra la aplicación de estas estrategias se sitúa en un momento de tensión en mis decisiones de inversión. Había establecido una expectativa optimista respecto a un proyecto que parecía prometedor, pero el análisis de riesgo no fue suficiente y la lectura de señales adversas quedó incompleta. El resultado fue un golpe significativo para el capital invertido y para la confianza.

En ese instante, la mirada interna tenía que ser tan rigurosa como la externa: debía revisar las metas para asegurarlas con criterios realistas, reducir el peso de ese capital en la cartera para crear un colchón de seguridad y, sobre todo, buscar una opinión independiente que ofreciera una perspectiva fría y crítica. A partir de esa revisión, decidí no seguir con la estrategia original, sino adoptar un enfoque más conservador que preservara el capital existente mientras aprendía del error.

Paralelamente, reforcé mi educación en gestión de riesgos con lecturas y un curso corto, lo que me permitió adquirir herramientas para analizar mejor los escenarios y distinguir con mayor claridad entre probabilidades y certezas. Este episodio no solo cambió la forma en que opero, sino que fortaleció la convicción de que las metas deben estar vivas y sujetas a revisión constante, que el aprendizaje es un proceso continuo y que ***la humildad*** es la clave para sostener el progreso cuando el terreno tiembla.

Hoy puedo mirar hacia atrás y reconocer que estas estrategias no son recetas mágicas, sino principios que requieren práctica diaria y una voluntad constante de ajustarse. La resiliencia que me ha permitido volver a encaminarme no surge de un solo acto de coraje, sino de una red de hábitos, de una mentalidad que prioriza la sostenibilidad y de relaciones que sostienen el esfuerzo compartido.

Cuando leo mis propias experiencias, veo que cada fallo dejó de ser una derrota para convertirse en un peldaño hacia una versión más consciente y preparada de mí mismo. Si alguien busca una ruta para transformar contratiempos en avance, le diría que empiece por clarificar qué quiere lograr a corto, medio y largo plazo; que construya hábitos que hagan posible esa visión, y que cultive ***la humildad*** como fundamento para pedir ayuda, recibir feedback y ajustar el mapa sin perder de vista el propósito.

La resiliencia, en este sentido, no es una cualidad estática: es una disciplina en permanente construcción, que exige atención, paciencia y una apertura constante a aprender de otros. Y aunque cada episodio de dificultad tiene su peso, la suma de estas experiencias ha forjado una trayectoria que no se desvía ante la tormenta, porque está sostenida por metas vivas, acciones diarias y un tejido humano que acompaña y fortalece.

En última instancia, la enseñanza central es clara: el progreso financiero sostenible nace no solo de saber cuánto se gana o se pierde, sino de entender cómo respondemos a esos vaivenes. Metas claras, hábitos que sostienen el esfuerzo, una visión del riesgo bien calibrada, una educación continua y, sobre todo, ***la humildad*** que permite convivir con la realidad en lugar de huir de ella, generan una economía interna que mantiene la dirección aun cuando el viento cambia.

Este es el fundamento sobre el que quiero invitar a mis lectores a construir su propio camino: una estrategia de resiliencia que no minimice los errores, sino que los transforme en cimientos; una actitud que vea en cada tropiezo una posibilidad de afinar la brújula; y una comunidad que acompañe el viaje con apoyo, crítica constructiva y una mirada compartida hacia un futuro más equilibrado y consciente.

CAPITULO 7

INFLUENCIA DE LOS HUMILDES

"La grandeza de un hombre no se mide por su riqueza, sino por su humildad."

Mahatma Gandhi

La humildad ha sido, a lo largo de mi vida, el hilo que mantiene unidas las decisiones personales y las relaciones que las sostienen. No se trata de restar valor a lo que uno ha logrado, sino de reconocer que, detrás de cada avance, palpita un entramado de apoyos, ideas y esfuerzos que no serían posibles sin la colaboración de otros.

En mi experiencia, la humildad no es debilidad ni renuncia; es una estrategia para preservar vínculos, escuchar con atención y abrir puertas a colaboraciones viables. Es, también, una disciplina diaria que se alimenta de la curiosidad por aprender de quienes nos rodean, incluso cuando sus aportes parecen modestos frente a nuestras propias metas. Desde temprana edad, aprendí que la exigencia de la propia percepción puede convertirse en un obstáculo invisible. En mi entorno, quienes se aferraban a la idea de que eran autosuficientes agotaban rápidamente su capacidad de escuchar y crecían sin la riqueza que nace del intercambio.

En contraste, las personas que cultivaban ***la humildad*** eran curiosas por saber qué pensaban los demás, y esa apertura, lejos de debilitarlas, les confería una fortaleza silenciosa. Cuando alcancé una promoción en mi carrera, no rompí en una celebración de logros individuales; en su lugar, destaqué al equipo que estuvo a mi lado. Reconocer públicamente a quienes habían contribuido fortaleció nuestra cohesión, creó un clima de confianza y, de forma inevitable, estimuló a otros a proponer ideas, asumir riesgos calculados y señalar posibles fallos antes de que se convirtieran en problemas graves.

En esas circunstancias, la humildad dejó de ser una virtud aislada para transformarse en una palanca de innovación compartida. A nivel personal, ***la humildad*** se mostró como una habilidad para escuchar más y juzgar menos. En conversaciones cotidianas, aprendí a valorar voces que, por timidez o miedo, preferían retirarse del diálogo. Al brindarles espacio, no solo fortalecí amistades, sino que también abrí la posibilidad de recibir críticas honestas que, de otro modo, hubieran quedado enterradas bajo la autocomplacencia.

Esta práctica de escucha activa reveló que la sabiduría, a menudo, viene de la suma de perspectivas distintas. No es la superioridad de una idea lo que define el camino, sino la capacidad de crear un entorno en el que cada contribución importa y puede ser integrada de forma constructiva. Esa experiencia consolidó en mi interior la convicción de que el aprendizaje es un proceso colectivo y que el crecimiento personal se amplía cuando se reconoce y se valora lo que otros aportan.

La humildad también se reveló en el terreno profesional en momentos de decisión crítica. En una ocasión, frente a una decisión estratégica de alto riesgo, decidí no actuar a partir de mi propio análisis aislado. En su lugar, abrí un espacio para la consulta con especialistas y para que mi equipo planteara dudas y preocupaciones sin temor al juicio.

El resultado fue una solución más rigurosa, basada en datos y con mayor legitimidad en el proceso. Este episodio ejemplifica una verdad simple: ***la humildad*** no solo facilita el acceso al conocimiento externo, sino que también fomenta una revisión constante de supuestos y planes. El reconocimiento de que no poseemos todas las respuestas es, en sí, una fuente de fortaleza que mejora la calidad de las decisiones y refuerza la confianza que otros depositan en nosotros. Estas experiencias delinean una tesis central: ***la humildad*** es el puente entre el esfuerzo individual y el logro colectivo.

Cuando admitimos abiertamente la presencia de otros en nuestro éxito, disolvemos el ego que a menudo genera distancias y divisiones. El resultado no es un debilitamiento del liderazgo, sino la construcción de una base de relaciones más sólida y receptiva, capaz de sostener proyectos a lo largo del tiempo.

En la práctica, ***la humildad*** se manifiesta en gestos simples pero potentes: agradecer sin condiciones, escuchar con paciencia, pedir y aceptar *feedback*, reconocer las contribuciones ajenas y ajustar planes cuando la realidad exige cambios. Son gestos que, repetidos en el día a día, fortalecen una cultura de confianza mutua y de responsabilidad compartida.

Al mirar hacia el futuro, creo que cualquier persona puede incorporar estos aprendizajes a su propia rutina. No se trata de renunciar a las ambiciones ni de despojarse de la autoridad, sino de convertir la autoridad en una herramienta para empoderar a otros. La humildad, bien entendida, abre la puerta a un liderazgo más humanizado, donde el objetivo no es solo alcanzar metas propias, sino fomentar un ambiente en el que cada persona sienta que puede contribuir con su mejor versión . En ese marco, las metas adquieren un significado más profundo: se convierten en proyectos compartidos, en visiones que crecen de la mano de otros, en campañas que requieren la colaboración de equipos, redes y comunidades.

A lo largo de mi vida, ***la humildad*** ha sido también una brújula para el manejo de conflictos. Cuando las tensiones surgen, la capacidad de reconocer errores, pedir disculpas y buscar soluciones conjuntas se revela como una forma de reforzar la confianza y de mantener el foco en el objetivo común. Esto no significa evitar la confrontación de ideas, sino cultivar una conversación en la que las diferencias se convierten en combustible para la mejora. En un entorno de trabajo, ***la humildad*** facilita que los desacuerdos se transformen en espacios de aprendizaje, donde cada opinión puede ser examinada, discutida y, si corresponde, integrada de manera que fortalezca el resultado final.

El impacto de ***la humildad*** no se limita a las relaciones interpersonales. También influye en la cultura organizacional, en la manera en que se diseñan procesos, se asignan responsabilidades y se toman decisiones estratégicas. Cuando un líder humilde reconoce la necesidad de aprender de otros, se crea una atmósfera en la que las personas se sienten seguras para compartir ideas, cuestionar supuestos y proponer innovaciones. Esa seguridad se traduce en mayor creatividad, en soluciones más robustas ante la incertidumbre y en una resiliencia que emerge precisamente cuando la humildad se practica de forma constante, no como excepción. La invitación para quienes leen estas líneas es sencilla: incorporar ***la humildad*** no como un acto aislado, sino como una práctica cotidiana.

Practicar la gratitud por las contribuciones ajenas, valorar el tiempo y la experiencia de cada persona, pedir feedback con humildad y escuchar con intención son acciones que, repetidas, transforman la dinámica de cualquier equipo y fortalecen la capacidad de enfrentar desafíos. También implica reconocer límites y buscar ayuda cuando es necesario, entendiendo que pedir apoyo no es una señal de debilidad, sino una estrategia para ampliar el alcance de nuestras capacidades.

En suma, la humildad no es un simple adorno de la vida social; es una palanca estratégica que transforma conquistas personales en legado compartido. Cuando la humildad se convierte en un modo de ser, las relaciones se vuelven más cálidas, el trabajo en equipo se hace más eficiente y las metas, lejos de parecer imposibles, se revelan como horizontes que podemos alcanzar juntos.

En este tejido humano, cada gesto de reconocimiento, cada demostración de paciencia y cada paso dado para escuchar con atención contribuyen a un tapiz más rico y duradero. Así, la vida deja de ser una sucesión de victorias individuales para convertirse en una historia de cooperación, confianza y propósito común. Y esa, al final, es la verdadera riqueza que deja ***la humildad*** en el camino que recorremos junto a quienes nos acompañan. La importancia de rodearme de personas humildes ha sido, a la vez, un aprendizaje y una bendición que atraviesa toda mi trayectoria.

En estas páginas he querido honrar a quienes, desde la discreción y la sencillez, han iluminado mi camino sin buscar aplausos. Las relaciones con personas humildes han funcionado como un leño constante en la fogata de mi desarrollo, sosteniéndome cuando el viento sopla en contra y recordándome que el crecimiento no es una carrera solitaria, sino una conversación permanente entre voces diversas.

Al mirar hacia atrás, veo que el verdadero valor de estos encuentros no reside solo en lo que aprendí de ellos, sino en la forma en que su presencia transformó mi manera de relacionarme con otros, de enfrentar desafíos y de medir el éxito. "Gratitud eterna por su impacto duradero", pienso a veces, porque esos gestos modestos han dejado huellas indelebles en mi carácter y en la forma en que decido vivir y trabajar.

Mi primer recuerdo relevante se inscribe en la memoria de mi niñez: un vecino humilde que vivía cerca de mi casa, con un negocio modesto y una ética de vida impecable. No era el hombre más ruidoso ni el que más hablaba de sí, pero sus acciones hablaban por él. Me enseñó, con paciencia y constancia, que la integridad vale más que cualquier ventaja momentánea.

Recuerdo especialmente un episodio en el que me explicó por qué, en una situación de necesidad, prefería ser honesto y asumir responsabilidades en lugar de buscar atajos. Sus palabras no fueron doctrinas abstractas, sino ejemplos vivos: un pago justificado, una deuda saldada a tiempo y una promesa cumplida. Ese pequeño modelo, repetido en conversaciones cotidianas y en su conducta, dejó una impresión profunda en mi manera de ver el dinero, las obligaciones y la confianza que se deposita en alguien cuando se sabe que no te defraudará.

La humildad de aquel vecino no era un adorno; era una brújula que orientaba mis decisiones y, con el tiempo, hizo de la prudencia una segunda naturaleza. Aprendí entonces que la educación más valiosa no siempre viene de libros, sino de personas que actúan con sencillez y con la mirada puesta en el bien común. Esa lección temprana se convirtió en un ancla para mis primeros años de vida adulta, cuando cada gasto y cada decisión de inversión requerían de una ética firme y un ojo atento al impacto en quienes me rodean.

En el plano profesional, otro encuentro decisivo sucedió en un momento de ascenso. Un supervisor que no buscaba el protagonismo ni la gloria propia, sino que sabía reconocer el esfuerzo de su equipo, dio la debida importancia al grupo detrás de cada logro. Cuando fue anunciada mi promoción, no se trató de un acto de autopromoción por mi parte; al contrario, el énfasis se puso en las personas que habían sembrado las bases para ese avance.

Esa actitud generó un clima de confianza y apertura: nuevas ideas comenzaron a fluir, preguntas difíciles encontraron respuestas más rápidamente y se instaló una cultura en la que la cooperación era la norma. El aprendizaje fue doble: por un lado, la lección de que el liderazgo auténtico se manifiesta en el servicio al equipo; por otro, la comprensión de que el éxito individual, por más visible que sea, solo adquiere significado cuando está unido al progreso colectivo.

Esta experiencia fortaleció mi convicción de que ***la humildad*** no resta valor: suma capacidad de impulsar proyectos más ambiciosos y sostenibles. A partir de ese momento, cada decisión se miró con la pregunta: ¿qué aportamos entre todos para que este resultado sea más sólido y más duradero?

Hubo también momentos en los que ***la humildad*** se expresó en el núcleo mismo de la conversación diaria. En una reunión clave de un proyecto complejo, me encontré ante la necesidad de delinear una estrategia que involucraba a varios expertos con enfoques muy diferentes. En lugar de insistir en una única versión, acepté con serenidad lo que otros sabían y pedí aclaraciones cuando algo no quedaba claro. Admitir que no lo sabía todo —y, más importante aún, pedir opiniones externas para completar la visión— no me hizo menos capaz; al contrario, fortaleció la legitimidad de la solución final.

La decisión resultante fue más conservadora en su gestión de riesgos, pero también más robusta, porque se basó en un abanico de perspectivas y en la crítica constructiva de quienes habían vivido en carne propia las complejidades del tema. Este episodio dejó una marca: ***la humildad*** abre puertas a la cooperación y evita que el orgullo nuble el juicio. Es una pauta que sigo recordando cada vez que me encuentro ante un dilema de alto impacto: la mejor salida no es la que más beneficia a uno, sino la que preserva la cohesión y la confianza del grupo.

En un plano aún más personal, el acompañamiento de amigos humildes en momentos de dificultad emocional o de duda profesional ha sido un recordatorio constante de que la vida no se sostiene en logros aislados. Estas personas no destacan por su grandeza en público, sino por su capacidad de escuchar, de ofrecer apoyo sin juicios y de celebrar el progreso ajeno sin quitarle mérito a nadie.

Su presencia se siente como una red que amortigua caídas, que sostiene la esperanza cuando el camino parece cuesta arriba y que recuerda que el valor de una relación no se mide por resultados momentáneos, sino por la riqueza del aprendizaje compartido y la confianza que se construye a partir de ella. En retrospectiva, estos vínculos me han enseñado que la gratitud auténtica no es una emoción aislada, sino una práctica diaria: agradecer las palabras que sostienen, agradecer los silencios que permiten reflexionar y agradecer las críticas que, aunque incómodas, fortalecen la decisión informada y el carácter.

Más allá de las historias individuales, hay una línea conductora que atraviesa todas estas experiencias: ***la humildad*** es un puente, no una barrera. Sirve para escuchar con paciencia, para valorar las contribuciones de otros sin necesidad de apropiarse del crédito, y para sostener una visión de conjunto cuando la presión empuja hacia reacciones impulsivas.

Esa actitud facilita un aprendizaje continuo, porque cada interacción se convierte en una oportunidad para mejorar, para ajustar el rumbo y para cultivar un clima de confianza que se transforma en recursos humanos y sociales. Cuando miro las redes de apoyo que he construido —compañeros, vecinos, mentores, amigos—, comprendo que su fortaleza no reside únicamente en su talento, sino en su disposición a colaborar, a ceder espacio cuando es necesario y a sostener la mirada en el bien común. Esas personas humildes no buscan reconocimiento, pero su influencia deja una marca que persiste más allá de cualquier logro concreto.

Queda, entonces, la gratitud como conclusión natural de este recorrido. Gratitud por cada conversación que abrió una puerta, por cada crítica que afinó mi juicio, por cada acto de reconocimiento que fortaleció el tejido de las relaciones y por cada presencia que demostró que el éxito compartido es más valioso que la victoria individual. Gratitud, además, porque este aprendizaje no termina aquí: es un llamado a seguir rodeándose de quienes, con modestia y apertura, inspiran a mejorar, a pedir ayuda, a sostener la curiosidad y a trabajar juntos con el fin de construir proyectos más humanos, más justos y más sostenibles.

Que cada lector pueda identificar a esas personas en su propia vida y agradecerles, no como un mero acto de cortesía, sino como un reconocimiento profundo de la influencia real que tienen sobre nosotros y sobre el mundo que deseamos construir. En definitiva, la presencia de personas humildes en mi vida ha sido un motor de crecimiento que trasciende las circunstancias. Su impacto no se limita a momentos de éxito; se extiende a la forma en que enfrento la adversidad, a la calidad de mis relaciones y a la responsabilidad que siento hacia las comunidades con las que convivo.

Si hay una enseñanza central, es esta: cuando nos rodeamos de ***humildad***, el propio camino se ensancha, la visión se clarifica y el impacto que podemos generar —junto a otros— se multiplica. Gratitud eterna por su impacto duradero, repito en silencio, porque esos vínculos continúan guiando cada decisión, cada paso y cada proyecto hacia una versión más responsable y más solidaria de uno mismo.

Y así, con la humildad como principio y la gratitud como fruto, sigo tejiendo una vida en la que el valor real se mide por el aprendizaje compartido y por la capacidad de sostener a los demás mientras sigo aprendiendo y creciendo junto a ellos.

DEERE
544H

CAPITULO 8

IMPACTO SUSTENTABLE

"El progreso verdadero es aquel que mejora la vida sin destruir la naturaleza."

Jane Goodall

Impulsado por mi amor a la naturaleza, inicié un conjunto de iniciativas sustentables que transformaron, de manera tangible, la vida en mi comunidad.

No se trató de ideas aisladas, sino de un esfuerzo sostenido por convertir principios ecológicos en acciones cotidianas que pudieran ser entendidas, asumidas y replicadas por las personas que me rodean. Cada proyecto nació de la convicción de que las pequeñas decisiones, repetidas con constancia, pueden generar cambios de gran alcance.

En ese sentido, la sostenibilidad dejó de ser un concepto abstracto para convertirse en una práctica concreta, visible en el día a día de la gente y en los alrededores de nuestras casas, escuelas y zonas de convivencia común. El primer pilar de estas iniciativas fue un programa de compostaje en el barrio. Su objetivo fue educar a los vecinos sobre el reciclaje orgánico y, de paso, reducir la cantidad de residuos que terminan en vertederos y plantas de tratamiento.

El proceso fue simple en su idea central: recoger residuos orgánicos domésticos, separarlos adecuadamente y canalizarlos hacia un sistema de compostaje comunitario que, con el tiempo, alimentara huertos urbanos y parcelas vecinales. Pero la simplicidad de la técnica no le restó complejidad a la tarea de lograr una adopción real.

Fue necesario organizar talleres de sensibilización, demostrar de forma práctica cómo separar correctamente los residuos, explicar qué materiales son aptos para el compost y, sobre todo, mostrar los beneficios ecológicos y sociales de este ciclo cerrado. Ver a las familias cambiar hábitos pequeños pero constantes —reducir el uso de residuos, priorizar la separación de lo orgánico y participar en la gestión del compost— fue una experiencia de orgullo y aprendizaje compartido. No se trató solo de basura transformada en abono, sino de crear una cultura de cuidado que invita a la responsabilidad y a la participación ciudadana.

Con el tiempo, ese compostaje barrial dejó de ser una actividad puntual para convertirse en un referente comunitario, un símbolo de que la cooperación puede convertir la conciencia ambiental en una práctica cotidiana y visible para todos.

El segundo pilar fue la instalación de paneles solares en escuelas locales. Este proyecto, financiado por donaciones y voluntarios, buscó promover energía limpia y, al mismo tiempo, educar a niños y jóvenes sobre alternativas sostenibles para el consumo energético.

La realización implicó varias etapas: desde la evaluación de las instalaciones más adecuadas para cada escuela, pasando por la gestión de fondos y la logística de la instalación, hasta la capacitación de docentes y personal para el cuidado y manejo de las tecnologías implementadas.

La participación de la comunidad fue fundamental: familias, docentes, estudiantes y organizaciones civiles se unieron para aportar desde diferentes frentes, lo que reforzó la sensación de pertenencia y responsabilidad compartida.

Los resultados no tardaron en hacerse evidentes: una reducción de costos energéticos para las escuelas, una mayor curiosidad por conceptos de ciencia y tecnología entre los alumnos y, sobre todo, la consolidación de un modelo replicable que puede ser llevado a otras instituciones de la ciudad o de comunidades cercanas. La tecnología dejó de verse como un fin en sí misma y pasó a ser una herramienta para empoderar a la gente, para que el aprendizaje se traduzca en acción y en hábitos empresariales y educativos que respeten al planeta.

Entre estos dos ejes, la dimensión tecnológica jugó un papel crucial para monitorear el progreso y sostener la transparencia. Se adoptaron herramientas y plataformas que permitieron registrar avances, medir el ahorro energético y documentar las etapas de implementación.

La monitorización no se limitó a números: sirvió también para fortalecer la confianza entre vecinos y organizaciones, ya que cada avance quedaba registrado y comunicado de forma clara, lo que facilitó nuevas colaboraciones y la atracción de más voluntarios.

Este enfoque de revisión continua y de apertura para recibir aportes externos trascendió el proyecto específico y fue adoptado como una práctica de gestión comunitaria. Integrar tecnología de forma ética y transparente permitió que la comunidad percibiera que el progreso no depende de una persona aislada, sino de la suma de esfuerzos coordinados y bien informados. Una característica central de estas iniciativas fue entender la sostenibilidad como una práctica cotidiana, no como un ideal distante. Cada acción, por pequeña que parezca, tiene un impacto acumulativo cuando se realiza con regularidad y dentro de un marco de valores compartidos: respeto por la naturaleza, responsabilidad social y cooperación.

Ver a vecinos que, al principio, miraban con cierta desconfianza, empezar a participar activamente en talleres de compostaje o a subir fotos y datos en plataformas comunitarias para mostrar el progreso de las escuelas solares fue una confirmación clara de que la acción cotidiana, guiada por una visión compartida, puede generar una comunidad más consciente, cohesionada y capaz de sostener sus propios proyectos. En esa línea, la experiencia también mostró que la sostenibilidad requiere un equilibrio entre innovación y humildad: innovación para crear soluciones más eficientes, y humildad para escuchar, aprender de los errores y ajustar las estrategias cuando era necesario.

Estas iniciativas han dejado una huella importante en mi legado personal. No son solo hitos o logros técnicos; son testimonios de un modo de hacer las cosas que prioriza el bien común, la honestidad en la gestión de recursos y la apertura a la participación de quienes con frecuencia quedan al margen de la conversación. En cada barrio, en cada escuela, en cada huerto comunitario, descubrí una forma de tejer redes de confianza y cooperación que fortalecen el tejido social.

La experiencia sostiene que el cambio no ocurre de la noche a la mañana: se edifica paso a paso, con paciencia, con la participación de múltiples actores y con una ética de transparencia que permite que la comunidad se sienta propietaria de las soluciones. Y cuando la gente empieza a percibir que sus esfuerzos cotidianos se traducen en beneficios tangibles —un ahorro en la factura energética, menos residuos, una mayor conciencia ambiental entre los jóvenes—, la motivación crece y se multiplica.

Mirando hacia adelante, estas iniciativas me inspiran a ampliar el alcance de las acciones y a buscar nuevas sinergias entre ecología, tecnología y comunidad. Hay todavía muchos territorios por explorar: ampliar el compostaje a más barrios, involucrar a más escuelas en proyectos de eficiencia energética o incluso incorporar sistemas de riego inteligente en huertos urbanos para optimizar el uso del agua. La visión es clara: cada proyecto debe ser un hilo que se entrelace con otros, creando un tapiz de acciones que fomenten un estilo de vida más consciente, solidario y sostenible.

En ese tejido, la tecnología no es un fin, sino un medio para fortalecer la capacidad de las comunidades de actuar con dignidad, responsabilidad y empatía hacia todas las formas de vida. Y así, con cada iniciativa, se fortalece la idea de que el cuidado del entorno es una responsabilidad compartida, un propósito que nos convoca a todos y que, a la larga, se traduce en un legado de impacto positivo y duradero, son, en definitiva, pilares de mi legado personal: iniciativas que nacen del amor por la naturaleza, se canalizan a través de la acción colectiva y continúan expandiéndose gracias a la cooperación, la ética y la curiosidad por lo que podemos lograr juntos cuando aunamos saberes, tecnología y compromiso comunitario.

Este viaje no termina aquí; es un llamado a seguir tejiendo, con humildad y solidaridad, un futuro en el que la sostenibilidad sea parte intrínseca de la vida diaria, de cada vecino y de cada escuela que se suma a la conversación y a la acción por un mundo más consciente y más justo para todas las especies que cohabitan con nosotros. La fusión entre tecnología y ecología se presenta no como una imposición de herramientas, sino como una sinergia consciente que coloca al ser humano en el papel de cuidador y gestor responsable de los recursos compartidos. En estas páginas, la tecnología aparece como un medio para elevar la capacidad de intervención sin perder de vista el cuidado de la vida en todas sus formas.

Lejos de convertirse en un sustituto de la sensibilidad, la innovación se convierte en un amplificador de la empatía: amplía horizontes, facilita decisiones informadas y acompaña procesos colectivos de mejora ambiental. Este capítulo propone entender esa fusión como un camino práctico, arraigado en la ética, la participación comunitaria y la humildad ante la complejidad de los sistemas naturales y sociales. Los proyectos centrales que delinean este enfoque son varios y complementarios.

En primer lugar, el monitoreo por satélite permite observar, a gran escala y con alta frecuencia, cambios en la cobertura vegetal y en el uso del suelo, sirviendo como radar adelantado para intervenciones oportunas. Este tipo de vigilancia no busca sensacionalismo tecnológico, sino claridad operativa: identificar zonas de deforestación, evaluar el ritmo de recuperación de áreas degradadas y orientar acciones de conservación o restauración con datos concretos.

En segundo término, los drones con sensores abren la posibilidad de intervenir en lugares de difícil acceso y de realizar acciones con una precisión que reduce costos y aumenta la eficacia. Plantar semillas en zonas erosionadas, dispersarlas de manera dirigida o mapear biodiversidad son usos que consolidan la relación entre tecnología y ecología al servicio de ecosistemas frágiles.

En tercer lugar, el software de análisis de datos se convierte en una herramienta de gestión de recursos, especialmente en la planificación hídrica de jardines comunitarios, huertos urbanos o paisajes escolares. Estos sistemas permiten optimizar el riego, medir consumos y proyectar necesidades futuras, transformando decisiones que antes dependían de la intuición en elecciones respaldadas por evidencias. La democratización del activismo ambiental es otro pilar fundamental de este marco.

Cuando las herramientas tecnológicas se ponen al alcance de comunidades enteras, la participación deja de ser pasiva para convertirse en acción colectiva. El teléfono inteligente se transforma en una plataforma de incidencia, educación y colaboración: desde la consulta de vecinos para decidir dónde plantar árboles hasta la coordinación de proyectos de restauración, estas tecnologías reducen fricciones entre individuos y colectivos, fortalecen redes de apoyo y amplían el impacto de cada iniciativa. En este sentido, la tecnología no desplaza la responsabilidad humana; la comparte, la organiza y la hace visible para que múltiples voces participen en la toma de decisiones.

La capacidad predictiva de los algoritmos también tiene un papel destacado. Al identificar patrones climáticos, derivar riesgos y prever posibles escenarios de desastres, las comunidades pueden preparar respuestas más rápidas y efectivas, mitigando daños y salvaguardando hábitats. Pero estas herramientas deben ir acompañadas de un marco ético sólido: cada decisión tecnológica debe evaluarse en términos de impactos sociales y ambientales, evitando agravar desigualdades o crear dependencias que limiten la agencia local.

Aquí aparece un principio clave: la innovación debe convivir con la responsabilidad y la transparencia, para que los beneficios lleguen a quienes más lo necesitan sin sacrificar la autonomía de las comunidades. La intersección entre saberes tradicionales y avances modernos es, quizá, el aspecto más enriquecedor de este enfoque.

Las comunidades conservan prácticas centenarias de manejo del agua, el suelo, los bosques y la biodiversidad; la tecnología puede documentarlas, analizarlas y adaptarlas a contextos contemporáneos sin erigirse en reemplazo de esos saberes. Esta integración requiere un diálogo respetuoso entre la experiencia ancestral y las herramientas de la ciencia moderna, de modo que las soluciones resultantes sean culturalmente pertinentes, socialmente justas y ambientalmente efectivas.

La planificación de proyectos, por ejemplo, puede incorporar métodos participativos que valoren la experiencia local, al tiempo que introducen herramientas de monitorización remota para ampliar la cobertura y la precisión de las acciones.

La ética y la evaluación de impactos son hilos conductores en este tejido. Sin una mirada crítica, las tecnologías pueden generar efectos adversos: desigualdades en el acceso a datos, dependencia tecnológica que debilita iniciativas locales, o soluciones que —aunque bien intencionadas— no consideran las particularidades culturales y sociales de una comunidad.

Por eso, la transparencia es una condición sine qua non : comunicar métodos, fuentes de datos, límites de las herramientas y resultados esperados. La rendición de cuentas se sitúa en el centro, no como un obstáculo, sino como una garantía de legitimidad y continuidad.

En esa misma línea, la participación comunitaria no es un accesorio, sino la base para que cualquier intervención tecnológica tenga arraigo y sostenibilidad. La tecnología debe servir a la gente, no la gente a la tecnología, y ese equilibrio es el verdadero termostato para medir el éxito de estas iniciativas.

Entre los logros y las aspiraciones futuras, emergen también desafíos prácticos. La escalabilidad es una mirada necesaria: un proyecto local que funciona puede convertirse en modelo replicable en otras comunidades, siempre que se adapte a los contextos específicos, los recursos disponibles y las estructuras sociales. La capacitación continua es un requisito: las comunidades necesitan desarrollar habilidades para utilizar, adaptar y mantener tecnologías, así como para interpretar datos y convertir esa información en acciones concretas.

La cooperación entre actores diversos —instituciones, universidades, organizaciones comunitarias, escuelas— se convierte en el motor del progreso; no solamente el financiamiento o la tecnología en sí. En esa cooperación, el aprendizaje se produce de forma recíproca: cada actor aporta perspectivas distintas que enriquecen la solución final y fortalecen la red de apoyo que sostendrá el proyecto a lo largo del tiempo.

La visión de este capítulo también invita a mirar hacia adelante con una actitud de humildad y curiosidad. La curiosidad no es distracción: es la fuerza que impulsa a preguntarse si hay formas más eficientes, más inclusivas o más justas de hacer las cosas. La humildad, por su parte, se manifiesta cuando se reconoce que no se posee el monopolio de la verdad y que las críticas y los consejos de otros pueden enriquecer la práctica. Este enfoque evita la tentación de imponer una única verdad tecnológica y promueve una cultura de co-creación que respeta las dinámicas locales.

En última instancia, la fusión de tecnología y ecología —cuando se orienta por principios éticos y por un compromiso con la participación— se presenta como un método práctico para tejer un futuro sostenible. Es un proyecto de vida que combina ciencia, artesanía, comunidad y cuidado por la vida en todas sus formas, con la esperanza de que cada acción cotidiana contribuya a un entorno más sano, más justo y más consciente. Para terminar, vale recordar que el objetivo no es glorificar la tecnología ni eludir la naturaleza, sino construir puentes entre ambas para ampliar la capacidad de hacer el bien.

Esto implica aprender a escuchar las necesidades de los ecosistemas y de las personas, traducir esas necesidades en acciones claras y medibles, y mantener una vigilancia constante sobre los impactos sociales y ambientales. En esa práctica, la tecnología se convierte en aliada cuando sirve a la vida, respeta la diversidad y fortalece la cooperación. Así, la fusión entre tecnología y naturaleza no es una moda pasajera, sino una forma de vida que busca, con humildad y responsabilidad, crear un legado de cuidado, aprendizaje y acción compartida.

Definiciones y términos básicos en este eje incluyen: monitorización por satélite, drones, sensores, software de análisis de datos, activismo ambiental democratizado, algoritmos predictivos, gestión de recursos, saberes tradicionales, transparencia, participación comunitaria y autonomía tecnológica. Estos conceptos no son etiquetas aisladas, sino herramientas entrelazadas que permiten, en conjunto, avanzar hacia una gestión más sabia de los recursos y una mayor capacidad de respuesta ante los desafíos ambientales. Cada término, cada gesto de colaboración y cada decisión basada en evidencia se convierte en un paso más hacia esa visión de un mundo en el que tecnología y ecología se fortalecen mutuamente para sostener la vida en toda su diversidad.

CAPITULO 9

TECNOLOGÍA CON PROPÓSITO

"La ciencia y la tecnología deben ponerse al servicio del hombre. "

John F. Kennedy

La tecnología, cuando se orienta con propósito y compasión, puede convertirse en una aliada indispensable para el bienestar de los animales y para la salud de los ecosistemas que compartimos.

En estas páginas he visto —y he vivido— cómo herramientas que nacen en laboratorios, academias y talleres de innovación pueden ser puentes entre la ciencia y la vida concreta de los seres no humanos. No se trata de imponer soluciones desde una mirada técnica, sino de comprender que la tecnología, en manos de personas conscientes, puede ampliar la capacidad de proteger, cuidar y entender a los animales sin sacrificar su dignidad ni la de sus hábitats. Este capítulo explora ejemplos concretos de ese encuentro entre avance y responsabilidad, destacando cómo cada progreso tiene un horizonte ético y social que lo acompaña.

Uno de los avances más visibles y replicables es la implementación de collares GPS para el seguimiento de migraciones de especies en peligro. Estos dispositivos permiten rastrear movimientos, rangos y patrones de uso de hábitat con una precisión que antes solo era posible en estudios aislados. La información obtenida no es un fin en sí misma; se transforma en acción: identificar áreas críticas para la protección, dimensionar corredores biológicos y activar protecciones proactivas frente a amenazas como la fragmentación del paisaje, la caza furtiva o la expansión de infraestructuras.

Cuando las autoridades, comunidades locales y organizaciones de conservación comparten datos, se abre la posibilidad de diseñar respuestas rápidas y coordinadas que reduzcan el riesgo para las poblaciones vulnerables. En mi experiencia, ver cómo estos datos se traducen en intervenciones concretas —desde la implementación de corredores ecológicos hasta la intensificación de patrullajes en zonas críticas— refuerza la idea de que la tecnología, debidamente gestionada, puede mover el mundo real hacia un estado más sostenible para las especies con las que cohabitamos.

Las aplicaciones de la inteligencia artificial en el cuidado de los animales domésticos y silvestres representan otro terreno de crecimiento significativo. Las apps que ayudan al diagnóstico temprano de enfermedades en mascotas permiten intervenir con mayor rapidez, reducir el sufrimiento y, a menudo, extender la vida de los individuos enfermos. Estas herramientas no sustituyen la experiencia del veterinario, pero sí la complementan: analizan patrones de síntomas, historial clínico y señales biomédicas para sugerir pruebas o tratamientos, avisando a dueños y profesionales ante posibles complicaciones que podrían pasar inadvertidas en una consulta aislada.

En comunidades donde el acceso a servicios veterinarios es limitado, estas tecnologías pueden convertirse en una primera línea de atención, empoderando a los dueños para actuar con responsabilidad y orientación profesional. Este fortalecimiento de la capacidad de autogestión, unido a la supervisión de especialistas, crea un puente entre tecnología y ética, donde la prioridad es el bienestar animal y la prevención del dolor.

En el ámbito de los santuarios y centros de rescate, las cámaras automatizadas y los sensores de comportamiento han empezado a enriquecer la calidad del cuidado cotidiano. Estas tecnologías permiten monitorear en tiempo real signos de estrés, dolor o malestar, incluso cuando el personal no está presente.

La detección temprana de cambios en patrones de alimentación, sueño o interacción social facilita respuestas rápidas y precisas, evitando complicaciones que podrían afectar el desarrollo y la felicidad de los animales. El valor añadido es doble: mejora el trato diario y, a la vez, acumula datos que pueden ser analizados para comprender mejor las necesidades de cada especie o individuo.

Cuando se combina esa capacidad de observación con protocolos de bienestar y con la participación de cuidadores y comunidades, se crea un modelo de cuidado más humano, más eficiente y más transparente.

En escenarios de emergencia ambiental y desastres naturales, los drones equipados con sensores juegan un papel crucial.

No solo permiten mapear zonas inaccesibles, sino que también entregan suministros básicos o ayudan a ubicar animales atrapados o aislados, reduciendo el sufrimiento y acelerando las operaciones de rescate. La logística de intervención se beneficia de estas plataformas: desde la identificación de rutas seguras hasta la entrega de comida y agua en áreas afectadas por incendios, inundaciones u otros desastres.

En definitiva, la tecnología no reemplaza la intervención humana ni el cuidado directo, pero sí amplifica la capacidad de respuesta, permitiendo que la ayuda llegue más rápido y con mayor precisión a quienes más lo necesitan. La cirugía robótica y las técnicas veterinarias asistidas por robótica son otro hito que merece atención. Cuando se aplican con criterios éticos y con respaldo de evidencia, estas herramientas pueden reducir el trauma quirúrgico, mejorar la precisión y acelerar la recuperación de animales heridos o enfermos.

Este tipo de intervención, sin embargo, debe estar acotado por rigurosos estándares de bienestar, por la evaluación de riesgos y por un monitoreo continuo de los beneficios frente a los costos y posibles complicaciones. En mi visión, la tecnología de alto nivel debe coexistir con una mirada humilde y comunitaria: no para aumentar el control humano sobre la vida, sino para mejorar las condiciones de vida de los animales y, al mismo tiempo, abrir oportunidades para que las comunidades aprendan, se involucren y participen en procesos de toma de decisiones. Pero la verdadera relevancia de estos ejemplos reside en el modo en que se gestionan los riesgos y se preserva la dignidad de los animales.

La democratización del uso de la tecnología significa que cualquier persona, desde su teléfono móvil, puede contribuir a la conservación y al bienestar animal, siempre que exista transparencia, educación y una supervisión adecuada. La participación comunitaria no es un simple complemento; es un componente central que garantiza que las soluciones tecnológicas respondan a necesidades reales, respeten los contextos culturales y no perpetúen desigualdades.

Esta perspectiva exige una evaluación ética continua: ¿quién se beneficia?, ¿quién podría verse perjudicado?, ¿qué contrapesos existen para evitar concentraciones de poder y el uso indebido de datos sensibles? La respuesta a estas preguntas define si una herramienta tecnológica se convierte en un instrumento de liberación o en un factor que agranda brechas.

La síntesis de estas trayectorias es clara: cuando la tecnología y el cuidado se alimentan de humildad y de una visión compartida, emergen soluciones que son, a la vez, eficientes, justas y sostenibles. No se trata de una promesa vacía, sino de una ruta que ya se puede recorrer con proyectos concretos, alianzas con especialistas, comunidades involucradas y una ética que prioriza el bienestar de los animales y la salud de los ecosistemas.

Este enfoque no niega la complejidad ni la incertidumbre: las abraza, con un compromiso de aprendizaje continuo y de ajuste de estrategias a partir de la evidencia y la experiencia. La tecnología, en este marco, no es un fin en sí mismo, sino una manera de ampliar nuestra sensibilidad y nuestra capacidad de acción para proteger a aquellas formas de vida que comparten este planeta con nosotros. Con todo, la promesa de la tecnología al servicio del bienestar animal es, en último término, una invitación a pensar globalmente y actuar localmente.

Se trata de convertir el entusiasmo por los avances en prácticas concretas que mejoren la vida de los animales y fortalezcan comunidades enteras: desde el despliegue de soluciones digitales en refugios y zoológicos hasta la implementación de sistemas de monitoreo que informen políticas públicas y prioridades de conservación.

Si logramos mantener el foco en la ética, la transparencia y la participación, la fusión entre tecnología y naturaleza puede convertirse en un motor de progreso que respete la dignidad de cada especie y contribuya a un mundo más compasivo, equitativo y responsable.

La tecnología, cuando se aplica con un marco ético y un propósito humano, puede ampliar de manera significativa el bienestar de los animales y fortalecer la conservación sin perder de vista la dignidad de cada ser vivo. En este tema, el hilo conductor es la convicción de que la innovación tecnológica no es un fin en sí misma, sino una herramienta para sostener, proteger y acompañar a las especies con las que compartimos el planeta.

La reflexión converge en una idea central: la tecnología debe servir para cuidar, no para explotar; para abrir caminos de colaboración entre humanos y otros seres vivos, y para ampliar la capacidad de las comunidades de involucrarse en causas que trascienden lo individual. Entre las herramientas que hoy se destacan por su impacto práctico, los dispositivos de rastreo y monitoreo emergen como aliados indispensables. Los collares GPS, por ejemplo, permiten seguir las migraciones de especies en peligro e identificar áreas de riesgo, de modo que las intervenciones de conservación puedan ser proactivas y coordinadas.

Este tipo de tecnología, cuando se implementa con criterios de privacidad y respeto a las dinámicas naturales, evita la fragmentación de hábitats y facilita la toma de decisiones informadas. No se trata de vigilar para controlar, sino de entender patrones, detectar amenazas y responder con planes que protejan la vida silvestre sin invadir su mundo. La salud de las mascotas y de los animales de refugios o santuarios también se beneficia de la inteligencia artificial y de las innovaciones diagnósticas. Aplicaciones y sistemas de IA que analizan imágenes, signos vitales o patrones de comportamiento pueden detectar indicios de enfermedades en etapas tempranas, mejorando los pronósticos y permitiendo intervenciones rápidas.

Este tipo de herramientas no reemplaza la experiencia veterinaria, sino que la complementa: amplía la capacidad de respuesta, facilita la vigilancia en comunidades con recursos limitados y, a la larga, reduce el sufrimiento animal. La clave está en que estas tecnologías sean accesibles, transparentes y acompañadas de protocolos que garanticen el trato ético hacia los animales. En entornos de cuidado y rehabilitación, las cámaras automatizadas y los sistemas de monitoreo continuo permiten observar el comportamiento de los animales, detectar signos de malestar o dolor y ajustar los cuidados de forma oportuna.

En santuarios y zoológicos, estas soluciones pueden disminuir el estrés asociado a la intervención humana y mejorar la calidad de vida de los residentes. Aquí, la tecnología no es un sustituto de la presencia atenta de las personas que trabajan por el bienestar animal , sino un complemento que hace más eficiente ese cuidado y libera tiempo para tareas que requieren empatía y discernimiento humano. El uso de drones para entregar alimento en zonas de difícil acceso o para monitorear áreas afectadas por desastres demuestra una cara más operativa y tangible de la tecnología al servicio de los animales.

En situaciones de emergencia, la capacidad de arribar rápidamente con suministros o de realizar inspecciones visuales desde el aire puede marcar la diferencia entre el sufrimiento y la oportunidad de intervención. Sin embargo, incluso en estas aplicaciones, la responsabilidad ética debe guiar cada decisión: se deben evaluar riesgos para la fauna local, evitar interferencias con comportamientos naturales y garantizar que las operaciones no causen estrés adicional a las especies que tratamos de proteger.

La cirugía robótica y otros avances médicos para animales son ejemplos de lo que la ciencia puede aportar cuando se alinea con una visión de cuidado y compasión. Estas tecnologías, bien utilizadas, pueden ofrecer soluciones menos invasivas, reducir los tiempos de recuperación y ampliar la esperanza de vida sin sacrificar la calidad de la experiencia vital de cada individuo. No obstante, su implementación debe ir acompañada de criterios de equidad, acceso y adecuación a las realidades de las comunidades y de los propios animales.

La ética no es una barrera para la innovación; es el marco que la acompaña y regula su velocidad, para que el crecimiento no desoriente ni dañe a quienes más dependen de estas intervenciones. Otro frente relevante es la previsión de desastres y la gestión de riesgos ambientales mediante algoritmos y modelos predictivos. Las herramientas computacionales pueden identificar patrones de cambio climático, comprender escenarios de impacto y señalar cuándo son necesarias acciones preventivas para proteger hábitats y especies vulnerables.

Este tipo de capacidad no sustituye la prudencia humana; la complementa con una visión que considera dinámicas complejas, interconectadas y, a veces, difíciles de anticipar. Una intervención temprana, basada en datos sólidos y en una lectura crítica de las proyecciones, puede salvar vidas, reducir costos ecológicos y preservar redes de alimento, refugio y reproducción para diversas especies.

No es menor subrayar el valor de democratizar la tecnología para la conservación. Cuando estas herramientas llegan a comunidades, escuelas y organizaciones de la sociedad civil, se abre una posibilidad real de participación colectiva. Plataformas móviles, tutoriales comunitarios y programas de capacitación permiten que personas que antes quedaban fuera del circuito tecnológico se conviertan en actores activos de la protección animal y del bienestar de los ecosistemas.

Esta democratización no elimina la necesidad de expertos; por el contrario, la fortalece al expandir la base de conocimiento y acción, al tiempo que se crean redes de cooperación que atraviesan barriadas, ciudades y regiones. La participación comunitaria, en este marco, se convierte en un motor de una ética compartida, donde las decisiones se toman con la voz de múltiples actores y con una responsabilidad que trasciende el beneficio individual.

En este análisis, ***la humildad*** se revela como un componente indispensable para que la tecnología cumpla su propósito sin desestructurar las relaciones con el mundo natural.

Humildad es reconocer que existen saberes locales, prácticas culturales y experiencias comunitarias que deben dialogar con las innovaciones.

No se trata de imponer soluciones desde una torre de cristal, sino de construir puentes entre los saberes tradicionales y los avances modernos.

Cuando ***la humildad*** guía el proceso, surgen alianzas con organizaciones comunitarias, universidades, guardaparques y voluntarios; se establecen marcos de supervisión ética, se diseñan mecanismos de evaluación del impacto social y ambiental, y se evita así la reproducción de desigualdades o la dependencia desmedida de tecnologías externas. Este enfoque fomenta una visión de largo plazo, en la que la tecnología fortalece el tejido social, en lugar de desintegrarlo.

La suma de estas prácticas —monitoreo responsable, diagnósticos asistidos por IA, vigilancia sensible, intervención aérea con responsabilidad, ingeniería quirúrgica ética y modelos predictivos transparentes— conduce a un resultado claro: la tecnología puede ampliar la capacidad humana para amar, proteger y servir a los animales. Pero ese resultado no se consigue solo con innovación; exige una ***humildad*** cotidiana para escuchar, aprender y adaptar.

Exige también la voluntad de revisar supuestos, incluir a comunidades diversas en la conversación y priorizar el bienestar de las especies no humanas por encima de ambiciones oportunistas.

Así como la naturaleza ofrece lecciones de paciencia y cuidado, la tecnología ofrece herramientas para hacer ese cuidado más preciso y efectivo.

La clave está en la conjunción de dos virtudes: la excelencia técnica y ***la humildad*** relacional. Cuando caminamos en esa dirección, no solo avanzamos en la medicina o en la conservación; fortalecemos una conciencia colectiva que reconoce nuestra fragilidad y nuestra responsabilidad frente a la vida que compartimos.

Este enfoque, que privilegia la ética y la cooperación, no es una utopía: es un camino práctico que ya está dando frutos en comunidades y proyectos que priorizan el respeto, la dignidad y el cuidado de todas las especies con las que coexistimos. Y es, sobre todo, una invitación a mirar hacia adelante con esperanza crítica: seguir desarrollando tecnologías que amplifiquen nuestro amor por el reino animal, sin perder de vista que cada avance debe ser evaluado, discutido y, cuando sea necesario, reajustado para proteger la vida en todas sus formas.

CAPITULO 10

CONSTANCIA INQUEBRANTABLE

"No importa lo lento que avances, siempre y cuando no te detengas. "

Confucio

La persistencia ha sido, a lo largo de mi vida, mucho más que una simple virtud; es el motor que sostiene cada una de mis decisiones cuando el ruido del día a día intenta deshilachar la dirección que me propuse. No se trata de una resistencia ciega ante la adversidad, sino de una fe informada en el proceso: una confianza que sabe que el progreso no ocurre de un salto, sino a través de un conjunto de pasos constantes, repetidos y conscientes.

En ese marco, la persistencia se convierte en una brújula interior que guía tanto las metas financieras como las aspiraciones personales, recordándome que el valor real no está en la velocidad con la que avanzo, sino en la consistencia con la que mantengo el rumbo pese a las tentaciones, las dudas y las caídas inevitables. Desde mis inicios, aprendí que la verdadera fuerza no nace del entusiasmo aislado, sino de la capacidad de sostenerse en medio de la niebla.

En aquellos primeros años en los que el dinero era un tema complejo y lleno de emociones, la claridad llegó cuando empecé a entender que las metas no son promesas estáticas, sino guías vivas que requieren revisión, ajuste y, sobre todo, acción diaria. La persistencia, entonces, no se mide por la intensidad momentánea de un esfuerzo, sino por la duración sostenida de ese esfuerzo en el tiempo. Aprendí a traducir sueños en objetivos concretos y a convertir esos objetivos en hábitos que se repiten sin rendirse ante la frustración.

Esa relación entre meta y hábito se volvió una danza: cada paso deliberado fortalece el siguiente, y cada día que pasa añade un eslabón más a una cadena de logros que parece inquebrantable porque está construida con la misma materia: paciencia y repetición. La clave está en entender que la persistencia no es un acto aislado, sino un modo de vivir que se ajusta a la realidad cambiante sin perder el horizonte. En ese sentido, la fe informada que menciono no es ingenua; es una convicción alimentada por la experiencia, la lectura constante y ***la humildad*** para reconocer cuándo he cometido errores y cuándo necesito aprender de otros.

Ver la persistencia como un proceso, y no como un resultado único, facilita comprender por qué algunas decisiones financieras, aunque correctas en el papel, requieren tiempo para madurar, y por qué otras, aparentemente complejas, encuentran su camino gracias a la repetición de acciones pequeñas y bien ejecutadas.

Cada día, la disciplina de revisar gastos, registrar movimientos y mantener un plan de ahorro se convierte en un acto de fe cotidiana: una creencia de que la constancia, bien dirigida, puede convertir un mínimo ahorro en una base sólida para decisiones futuras. La relación entre persistencia y humildad ha sido especialmente reveladora.En mi recorrido, he visto que la obstinación de aferrarme a una ruta sin considerar la realidad puede sembrar fracasos elocuentes; pero cuando la persistencia se acompaña de ***la humildad*** de pedir ayuda, escuchar a otros y aceptar retroalimentación, la trayectoria se suaviza y se fortalece.

Esa combinación es un recordatorio constante de que el progreso genuino no florece aislado en un jardín propio, sino que se nutre del diálogo y de las perspectivas que otros aportan. ***La humildad*** no debilita la determinación; la canaliza hacia un crecimiento que se apoya en la cooperación, la diversidad de ideas y la capacidad de ajustar el rumbo sin perder el sentido de propósito. Así, cada obstáculo deja de ser un muro y pasa a ser una puerta que se abre con una estrategia bien pensada, practicada una y otra vez, y respaldada por la experiencia.

En ese marco, la naturaleza y los animales han actuado como maestros silenciosos de ***humildad*** y paciencia, recordándome que el progreso, para ser sostenible, debe convivir con el tiempo. Un bosque que se desarrolla lentamente y animales que persisten en su ciclo muestran que la vida no promete atajos, sino continuidad. Esa observación se traduce en mi vida profesional y financiera en una serie de prácticas concretas: mantener un plan de metas a corto, medio y largo plazo; revisar periódicamente esos planes para adaptarlos a la realidad del momento; y cultivar hábitos que sostengan el esfuerzo antes de buscar recompensas inmediatas.

La repetición de hábitos simples —como la organización de presupuestos mensuales, la automatización de ahorros y la revisión periódica de inversiones— se convierte en el andamiaje que sostiene la confianza en el proceso. La idea central que guía estas reflexiones es que la persistencia no es una promesa de felicidad instantánea, sino una forma de vida que se apoya en la coherencia entre lo que se quiere y lo que se hace día a día. Esa coherencia, a su vez, fortalece mi carácter y afianza mi visión de futuro.

Cuando miro hacia atrás, veo que cada avance significativo estuvo precedido por etapas de prueba y error, por días de duda, por la necesidad de adaptar estrategias ante cambios repentinos y, sobre todo, por la decisión constante de no abandonar los principios que sostienen mi progreso: claridad de metas, hábitos que sustentan el esfuerzo y una actitud humilde ante la necesidad de apoyo.

En este sentido, la persistencia se asocia con un aprendizaje continuo, porque cada experiencia —sea un acierto o un tropiezo— se convierte en un capítulo de aprendizaje que se suma al siguiente.

Un elemento que merece ser destacado es el papel de la educación permanente como combustible de la persistencia.

No es suficiente mantener una disciplina; es imprescindible alimentar esa disciplina con nueva información, con análisis crítico de riesgos y con herramientas que permitan tomar decisiones más conscientes.

La lectura diaria, la participación en cursos cortos y la búsqueda de perspectivas externas no debilitan la voluntad: la fortalecen. La educación constante permite que la persistencia se exprese no como una resistencia ciega al cambio, sino como una capacidad de adaptación, de refinamiento y de avance con mayor confianza, incluso cuando el entorno económico se presenta desafiante.

Así, la persistencia se convierte en una alquimia entre constancia y apertura: un compromiso con el proceso y una disposición a modificar la estrategia cuando la evidencia lo demanda. Para ilustrar estas ideas, quiero compartir un caso concreto que, aunque no define toda mi trayectoria, sí revela el valor de combinar persistencia con prudencia y aprendizaje.

En un momento de mi vida financiera, me enfrenté a una decisión de inversión que parecía prometedora a partir de una lectura inicial muy optimista. La expectativa era grande, el entusiasmo real, pero el conocimiento de los riesgos no estaba a la altura de la promesa. En ese cruce, apliqué la primera regla de la persistencia: no abandonar la visión, pero sí repensar la estrategia. Reorganicé metas, reduje el peso de la inversión en el portafolio y busqué un colchón de seguridad que permitiera amortiguar posibles caídas. Solicité una segunda opinión independiente para contrastar perspectivas y evitar sesgos.

Después de esa retroalimentación y de revisar las fuentes de información, ajusté mi estrategia hacia una salida más conservadora, priorizando la liquidez y la tranquilidad mental sobre un crecimiento rápido que, a la larga, podría haber sido arriesgado. Complementé la decisión con una revisión intensiva de gestión de riesgos: leí textos especializados, tomé un curso corto y reforcé mi disciplina de seguimiento de las señales que podrían indicar cambios en las condiciones del mercado.

Este episodio, lejos de desalentarme, fortaleció mi convicción de que el aprendizaje continuo y la humildad para pedir ayuda son componentes esenciales de una persistencia que no se vuelve rígida , sino una firmeza flexible que sabe cuándo ajustar la ruta sin perder el objetivo. Después de compartir este episodio, me detengo a reflexionar sobre su significado.

La persistencia, entendida como una práctica diaria y consciente, es lo que me permite sostener metas a lo largo del tiempo, incluso cuando las circunstancias cambian. Es también la capacidad de ver las caídas como parte del aprendizaje y de convertir esas caídas en oportunidades para refinar la estrategia.

En ese viaje, las personas que me rodean —desde mentores hasta colegas que brindan retroalimentación honesta— cumplen un papel vital: son recordatorios de que el camino no es una empresa solitaria, sino una jornada compartida en la que el apoyo mutuo fortalece la acción individual. Y es que, en el fondo, la persistencia no se trata de forzar resultados, sino de mantener vivo el compromiso con un plan que respalde mis valores y contribuya a un desarrollo sostenible, responsable y humano.

Cierro este tramo con una conclusión clara: la persistencia, cuando está anclada en hábitos claros, revisión constante y una humildad que abre puertas a la colaboración, se transforma en una fuerza que no solo logra metas, sino que las convierte en una forma de vida. Es un viaje sin fin, porque cada logro genera nuevos horizontes, y cada horizonte exige nuevos esfuerzos. Pero lo esencial es saber que el camino, repetido una y otra vez con honestidad y propósito, se convierte en un legado: un modo de vivir que inspira a otros a sostener sus propias metas y a avanzar con dignidad, paciencia y responsabilidad.

En ese sentido, mi historia no terminará nunca; continuará creciendo en la medida en que siga practicando la persistencia con apertura, aprendiendo de cada experiencia y manteniéndome firme frente a la tentación de abandonar el camino cuando la voluntad sea puesta a prueba por atajos. Este capítulo, al cerrar su mirada, invita al lector a observar su propia trayectoria y preguntarse: ¿qué hábitos puedo cultivar para sostener mi progreso a lo largo del tiempo? ¿Qué decisiones requieren revisión y ajuste, sin perder de vista el objetivo más profundo?

La respuesta reside en la combinación concreta de metas claras, hábitos consistentes, educación continua y, sobre todo, la humildad que permite crecer junto a otros. Si logro sostener ese equilibrio, entonces la persistencia dejará de ser una simple cualidad para convertirse en un modo de vida: un viaje sin fin que, día a día, revela su propio valor en el camino que se construye con cada paso consciente.

Y así, sigo avanzando, con la convicción de que cada instante es una oportunidad para tejer, con paciencia, una historia que merezca ser contada, repetida y transmitida como legado a quienes vendrán después.

Este capítulo cierra un ciclo que, en su esencia, no representa un punto final, sino una continuidad: la persistencia como hilo conductor que teje cada decisión, cada aprendizaje y cada relación que he cultivado a lo largo de mi vida.

La persistencia no se reduce a una actitud aislada; es una disciplina que se despliega en múltiples frentes: en las metas que se clarifican y revisan, en los hábitos que se vuelven forma de vida, en la manera en que afrontamos las dudas y en cómo respondemos a los imprevistos. A lo largo de este libro he intentado mostrar que el progreso no es lineal y que las caídas no representan una destrucción, sino oportunidades para rehacer el camino con mayor sabiduría.

Esa idea, que ya exploré en capítulos anteriores, se consolida aquí como una verdad práctica: la perseverancia, cuando se acompaña de humildad, conocimiento y una ética del cuidado, se transforma en una fuerza generativa para uno mismo y para quienes nos rodean. La persistencia, decía, nace de la claridad con la que definimos nuestros propósitos y de la constancia con la que los mantenemos vivos en la vida diaria.

En los primeros años, cuando el dinero era un tema delicado y cada avance parecía diminuto, aprendí que la meta no es un reflejo estático de un número, sino una dirección que se actualiza con cada experiencia. Por eso, las metas deben ser explícitas, medibles y ajustables; deben permitir que la acción cotidiana se alinee con un horizonte de tiempo realista y humano. Esta alineación no es casualidad: es el resultado de revisar regularmente lo que se ha hecho, lo que se está haciendo y lo que conviene hacer a continuación.

En mi trayectoria, esa revisión constante ha actuado como un faro: evita que me desvíe por entusiasmos momentáneos y me ayuda a priorizar lo que realmente sostiene el crecimiento a largo plazo. No se trata de rígidos determinismos, sino de una conversación continua entre lo que deseo y lo que la realidad permite construir.Los hábitos son el otro pilar de la persistencia.

En el libro he descrito, una y otra vez, rutinas simples que sostienen esfuerzos complejos: presupuestos que se vuelven hábitos de vida, registros de gastos que iluminan las decisiones, y automatización de la inversión o del ahorro como una dimensión de la disciplina. La belleza de estos hábitos no reside en la rigidez, sino en su capacidad de reducir la fricción entre el deseo inmediato y la meta de largo plazo. Son pequeñas prácticas que, acumuladas, cambian la trayectoria: cada hábito es una decisión repetida que, con el tiempo, se integra al carácter y al paisaje de las finanzas personales y profesionales.

He visto, y lo comparto con quien lea estas páginas, que la consistencia no es una exhibición de fortaleza momentánea, sino un pacto íntimo con uno mismo para seguir adelante aun cuando la niebla sea densa. La tríada de estrategias que sostiene la resiliencia —claridad de metas, hábitos estables y educación continua— se complementa con otro eje fundamental: ***la humildad.*** Este motor relacional no debilita; al contrario, fortalece las redes de apoyo y amplifica el alcance de nuestras acciones. Admitir que no se sabe, pedir una segunda opinión, agradecer contribuciones ajenas y ajustar planes a partir del *feedback* son gestos que multiplican la calidad de las decisiones y la sostenibilidad de los logros.

La humildad, entendida así, no es renuncia; es una inversión en cooperación y en calidad de liderazgo. En cada etapa, ***la humildad*** ha sido lo que mantiene el rumbo cuando las circunstancias exigen flexibilidad sin perder la dirección. Este instante de reflexión no es una paradoja: es la clave para que la perseverancia no se convierta en obstinación, sino en adaptabilidad responsable. La diversidad de experiencias que he vivido, y que intento compartir en estas páginas, ha demostrado que la persistencia se manifiesta en varias trincheras: en la vida financiera, en el cuidado de la salud mental, en el vínculo con la naturaleza y en la interacción con la tecnología.

La naturaleza, por ejemplo, ha sido un recordatorio constante de paciencia y de la importancia de permitir que el tiempo haga su trabajo. En mis caminatas, en mis observaciones de ríos, en el simple acto de estar presente, encuentro renovada la energía para volver a intentar, para revisar y para ajustar. Las lecciones de los animales —la fidelidad de un compañero canino, la visión estratégica de un ave de presa, la paciencia de las vacas en la granja— han sido faros de ética práctica que me han enseñado a mantener la empatía y la responsabilidad en cada decisión.

Estas verdades, que aparecieron en capítulos dedicados a la humildad y a la conexión con el mundo natural, resuenan ahora como fundamentos de un modo de vivir que busca equilibrio, cooperación y un impacto sostenible. La tecnología, en esa misma línea, ha emergido no como un fin en sí mismo, sino como una herramienta que puede amplificar la capacidad de cuidar el mundo.

La fusión entre tecnología y ecología, cuando está guiada por principios éticos y por la participación comunitaria, se vuelve un dilema práctico de balance: cómo aprovechar el progreso sin aumentar las desigualdades, cómo usar herramientas modernas para ampliar la conciencia y la acción colectiva, y cómo proteger el tejido de relaciones que sostienen proyectos comunitarios. En capítulos intermedios exploré ejemplos de monitoreo por satélite, drones para restauración y software para optimizar recursos; en este cierre, la reflexión se mantiene en el terreno de lo cotidiano: ¿cómo estas herramientas pueden sostenerse sin perder la humanidad que siempre debe estar al frente?

El hilo de la persistencia no se agota en el plano individual; se extiende a la comunidad, a las redes de aprendizaje y a las iniciativas que buscan dejar un legado de acción responsable. Las iniciativas sustentables, que nacen del amor por la naturaleza y de la atención al bienestar colectivo, son un testimonio de que las pequeñas acciones tienen capacidad de contagio. Compartir, plantar árboles, instalar paneles solares, educar a las comunidades, diseñar sistemas de monitoreo que sean accesibles y transparentes: todas estas acciones, llevadas a cabo con humildad y con la participación de vecinos y organizaciones locales, ilustran cómo la perseverancia se traduce en resultados tangibles y replicables.

No es mera retórica; es experiencia vivida, practicada y repetible en contextos diversos. Lo anterior me lleva a enfatizar una idea final: el camino no es una línea recta, y su valor no reside en la perfección de cada paso, sino en la coherencia de la acción a lo largo del tiempo. Cada capítulo, cada historia, cada decisión que he relatado aquí ha sido un intento de tejer una tela que sostenga no solo mi vida, sino también la de otros que se suman a este compromiso de crecimiento, aprendizaje y responsabilidad.

La persistencia, en ese sentido, se revela como un arte de sostener el impulso sin perder la humanidad ni la empatía. Es un proceso de aprendizaje continuo, de ***humildad*** que abre puertas, de hábitos que sostienen y de metas que inspiran a soñar con un mundo más fiable, más justo y más respetuoso con la vida en todas sus formas. Al mirar hacia adelante, no imagino un final definitivo, sino la certeza de que la labor de tejer nuestras vidas sobre las telas de la experiencia, la ética y la cooperación seguirá siendo relevante.

La persistencia no se agota en un logro concreto; se renueva cada día en la acción constante, en la apertura para ajustar y aprender, en la capacidad de rodearse de personas y saberes que enriquecen y fortalecen las decisiones.

Si estas páginas han cumplido algo, espero que lo hayan hecho como un recordatorio de que la vida puede ser una práctica de cuidado, de curiosidad y de compromiso. Que sigamos tejiendo, día tras día, un tapiz que honre la dignidad de cada ser, que fomente la cooperación entre comunidades y que sirva, en última instancia, para un mundo donde la sostenibilidad, la justicia y la empatía sean condiciones no solo deseables, sino compartidas y vividas en la realidad cotidiana.

Este cierre, lejos de señalar un punto final, abre una nueva posibilidad de continuar la ruta con un corazón más pleno y una mirada más amplia: la de una jornada sin fin, centrada en la persistencia como brújula y en la humildad como motor de un impacto verdaderamente perdurable.

SÍNTESIS

A lo largo de este recorrido, el libro ha mostrado que el progreso no es una huida hacia un destino predeterminado, sino una práctica continua de claridad, humildad y responsabilidad. Las metas financieras, entendidas como herramientas para la autonomía, se vuelven sostenibles cuando se acompañan de hábitos diarios que las respaldan y de la humildad para revisar, preguntar y ajustar. La riqueza, medida solo en números, pierde su brillo sin la capacidad de elegir con libertad, de invertir en el aprendizaje y de cuidar a quienes nos rodean. Por eso, la conclusión no es un punto definitivo, sino un compromiso renovado con una forma de vivir que integra propósito y dedicación en cada decisión.

La humildad, que ha atravesado estas páginas como un hilo conductor, se revela no como una renuncia, sino como una potencia : una actitud que abre puertas, facilita la cooperación y multiplica el alcance de los esfuerzos colectivos. Cuando la gloria personal cede ante la necesidad de escuchar a otros, nace una inteligencia compartida que fortalece proyectos, mejora procesos y crea redes de confianza que sostienen la dureza de la vida real. Este aprendizaje no se agota en el ámbito profesional; impregna también las relaciones familiares y comunitarias, recordando que el verdadero liderazgo es aquel que sirve a un bien mayor y reconoce la contribución de cada persona.

La naturaleza, en su serenidad y paciencia , funciona como brújula interior y escuela de vida. Sus ritmos enseñan a detenerse a tiempo, a distinguir entre la urgencia y la necesidad real, y a comprender que las metas que valen la pena requieren tiempo para arraigarse. La relación con el entorno no es un capricho estético, sino una disciplina ética: cuidar el agua, respetar los ciclos de la tierra, valorar la biodiversidad y cultivar la gratitud por lo que ya se tiene.

Las experiencias con árboles, ríos, animales y paisajes han demostrado que la claridad nace en la quietud, y que el progreso auténtico admite pausas que permiten volver con más fuerza y con una mirada más amplia.

Los animales, con su fidelidad, visión y paciencia, aportan una ética práctica para la vida diaria. Su ejemplo no invita a la imitación mecánica, sino a traducir sus rasgos en una forma de estar con los demás: ser leal, mirar más allá de lo inmediato y sostenerse mutuamente cuando la ruta se vuelve difícil. En las decisiones colectivas, esa lealtad se traduce en confianza, en el reconocimiento del aporte ajeno y en la capacidad de construir con otros un camino más firme y más humano. Estas lecciones no quedan en la anécdota: alimentan un liderazgo que sabe pedir ayuda, valorar la diversidad y transformar la crítica en mejora tangible.

La tecnología, cuando se orienta por un marco ético y un propósito de bien común, se convierte en una aliada para sostener la vida: facilita la observación responsable, la acción coordinada y la participación de comunidades enteras. El monitoreo, los datos transparentes y las herramientas que empoderan a barrios, escuelas y guardianes de ecosistemas no reemplazan la experiencia humana: la amplifican. La fusión entre ciencia y sensibilidad comunitaria ofrece caminos para proteger hábitats, mejorar condiciones de vida y reducir desigualdades, siempre con control ético, rendición de cuentas y apertura a la crítica.

Los proyectos sustentables desarrollados en barrios, escuelas y jardines muestran que la acción cotidiana, cuando se realiza con claridad de propósito y cooperación, genera un impacto real y replicable. Compostar, instalar paneles solares, optimizar el riego, educar a niños y adultos: son pequeños gestos que, repetidos, fortalecen comunidades, reducen costos y alimentan una cultura del cuidado.

Este saber práctico demuestra que la sostenibilidad no es una idea distante, sino una experiencia compartida que nace del aprender haciendo, de la transparencia en la gestión y de la capacidad de sumar voces diversas.

La persistencia, por último, es la columna vertebral de todo lo anterior. Es la combinación de metas vivas, hábitos que sostienen y humildad que abre puertas a la cooperación. No se trata de una terquedad estéril, sino de una convicción flexible que sabe cuándo ajustar la ruta sin abandonar el norte. La educación continua, el recuerdo de que nadie lo sabe todo y la voluntad de aprender de otros sostienen esa fuerza. Así, cada tropiezo se convierte en una lección, cada avance en un peldaño, y cada proyecto en una frontera que se amplía gracias al esfuerzo compartido.

Este libro invita a cada lector a tejer su propia tela: con metas claras, hábitos constantes, una actitud humilde ante la realidad y una mirada atenta a las voces de la vida que nos rodea. Que la curiosidad, la cooperación y el cuidado por el mundo y por las criaturas con las que coexistimos inspiren un camino de crecimiento que no termina, sino que se renueva cada día.

Porque la verdadera riqueza no se agota: es la capacidad de seguir aprendiendo, de seguir gestionando con justicia y de seguir construyendo un mundo más humano, más sostenible y más digno para todos.

Guillermo Jorge
(Santiago de los Caballeros, República Dominicana,
27 de noviembre de 1979)

Guillermo Jorge es un autor dominicano cuya trayectoria une la tecnología con una profunda conexión con la naturaleza. Nacido en Santiago de los Caballeros, pasó parte de su infancia en el campo de La Vega, donde inició su formación académica, experiencia que marcó su visión de vida.

Continuó sus estudios en Santiago, donde obtuvo el bachillerato y se formó en contabilidad. Posteriormente, vivió una etapa de crecimiento personal en el Seminario Capuchino antes de orientarse hacia el área de informática, donde desarrolló una sólida carrera profesional, destacándose en el análisis de sistemas durante más de una década.

A lo largo de su vida, ha mantenido un vínculo constante con el campo, especialmente en el sector bananero, espacio donde encuentra inspiración y equilibrio. Su obra refleja valores como la humildad, la sensibilidad y la armonía entre el ser humano, la naturaleza y la tecnología.

Varios recursos pueden acompañar este recorrido y abrir rutas de exploración para quienes desean profundizar en las prácticas descritas a lo largo de estas páginas. A continuación, algunas pautas editoriales que invitan a la acción, la reflexión y la conversación.

Lecturas y enfoques para fortalecer la claridad de metas, hábitos y mentalidad de crecimiento: textos que organizan el progreso personal como un continuo entre propósito, disciplina diaria y aprendizaje constante. Explorar estas ideas ayuda a entender que cada decisión debe alinearse con un horizonte mayor, no como imposición, sino como guía viva que se ajusta con el tiempo y la experiencia.

Liderazgo humano y colaborativo: enfoques de liderazgo servidor, donde la humildad no resta autoridad, sino que multiplica el impacto, fortalece equipos y consolida la confianza. Este marco invita a valorar las contribuciones ajenas, a pedir y escuchar feedback con apertura y a diseñar proyectos que crezcan gracias a la cooperación y la diversidad de voces.

Naturaleza, bienestar y ética del cuidado: a través de la ecología práctica y la empatía entre especies, estas lecturas y prácticas sostienen una visión de vida en la que la salud mental, las decisiones sostenibles y las relaciones sociales se entrelazan. Se recomienda cultivar la relación con el entorno mediante caminatas reflexivas, atención a los ciclos naturales y una ética del cuidado que trascienda lo individual.

Tecnología con propósito y responsabilidad: textos y experiencias que subrayan una innovación guiada por la ética, la transparencia y la participación comunitaria. La tecnología debe servir a la vida y a la justicia social, no aumentar las desigualdades. Se valoran enfoques que integran saberes tradicionales con herramientas modernas, promoviendo la co-creación y la rendición de cuentas.

Herramientas prácticas y plataformas: monitores y sensores para la gestión de recursos, monitoreo satelital, drones para restauración, software de análisis de datos y plataformas de participación ciudadana. Estas herramientas, empleadas con criterios de privacidad y equidad, permiten traducir datos en acciones concretas y facilitar la colaboración entre vecinos, escuelas y organizaciones.

Guías técnicas y casos de implementación: manuales y guías comunitarias para compostaje, paneles solares educativos, riego inteligente y proyectos de monitoreo ambiental. Los casos prácticos ilustran cómo convertir ideas en hábitos, medir impacto y ampliar el alcance de las iniciativas en la vida cotidiana.

Educación continua y redes de aprendizaje: cursos cortos, talleres, seminarios y comunidades de aprendizaje que facilitan la actualización de habilidades, la lectura crítica de riesgos y la comprensión de nuevas herramientas. Alimentan la humildad intelectual y fortalecen la capacidad de tomar decisiones informadas ante la incertidumbre.

Prácticas y metodologías para la vida diaria: revisión periódica de metas, registro de gastos, automatización de ahorros y diversificación de ingresos. Estas pautas, acompañadas de una cultura de humildad y cooperación, sostienen una trayectoria responsable y resiliente a lo largo del tiempo.

Gratitud y legado: textos que fomentan la reflexión sobre el impacto humano y la construcción de redes de apoyo. Invitan a agradecer las contribuciones ajenas, a cultivar amistades y a convertir las lecciones en acciones sostenibles que perduren en comunidades y generaciones futuras.

APÉNDICE

Entre las lecturas y fuentes que sostienen este libro se encuentran obras sobre finanzas personales, liderazgo con humildad, conexión con la naturaleza y la ética de la tecnología.

En finanzas y hábitos: Atomic Habits, James Clear; Your Money or Your Life, Vicki Robin y Joe Dominguez; The Simple Path to Wealth, JL Collins; Mindset, Carol S. Dweck; Thinking, Fast and Slow, Daniel Kahneman.

En liderazgo y desarrollo humano: Dare to Lead, Brené Brown; Servant Leadership, Robert K. Greenleaf; Emotional Intelligence, Daniel Goleman; Range, David Epstein.

En ecología y naturaleza: The Nature Fix, Florence Williams; The Last Child in the Woods, Richard Louv; The Sixth Extinction, Elizabeth Kolbert; Drawdown, Paul Hawken.

En tecnología y ética: Ethically Aligned Design (IEEE); The Ecology of Commerce, Paul Hawken; The Innovator's Dilemma, Clayton M. Christensen; además de informes internacionales y foros académicos sobre ética de la inteligencia artificial y responsabilidad social tecnológica.

En conservación y herramientas modernas: guías de la FAO sobre drones y restauración ecológica; literatura técnica sobre monitoreo satelital y uso de drones para conservación; NASA Earth Observatory y publicaciones de Sentinel-2 (ESA) sobre cambios en la cubierta vegetal y manejo de recursos. En aprendizaje y acción comunitaria: textos de alfabetización cívica, aprendizaje basado en evidencia, y casos prácticos de ecologías urbanas y proyectos sostenibles comunitarios. Estas referencias, en conjunto, sustentan la visión de equilibrio entre disciplina, humildad, innovación responsable y cuidado del entorno.

GLOSARIO

Metas

Objetivos claros y medibles que guían las decisiones diarias y se revisan periódicamente para mantener el rumbo a largo plazo. Se transforman en filtros que orientan el gasto, el estudio y la inversión, y fortalecen la disciplina y el propósito.

Humildad

Marco relacional que facilita la colaboración, la escucha y el aprendizaje conjunto ante la adversidad. Funciona como palanca para decisiones éticas, liderazgo compartido y construcción de confianza.

Naturaleza

Refugio, espejo y pausa para la mente. Enseña paciencia, claridad y responsabilidad. Conecta el bienestar personal con un propósito de cuidado del entorno.

Animales

Modelos de fidelidad, visión y paciencia que inspiran una ética del trato, empatía y liderazgo. Fortalecen vínculos y fomentan cooperación comunitaria.

Tecnología

Herramienta para ampliar la observación, la eficiencia y la participación, siempre desde un marco ético. Debe servir para educar, cuidar y fortalecer sin deshumanizar ni generar desigualdad.

Sostenibilidad

Integración de ecología, economía y sociedad mediante prácticas que conservan recursos y fortalecen comunidades. Implica actuar con responsabilidad ambiental, social y económica.

GLOSARIO

Compostaje

Transformación de residuos orgánicos en abono para huertos comunitarios. Requiere educación y participación para cultivar una cultura de reaprovechamiento.

Paneles solares

Energía limpia para instituciones y comunidades, reduciendo costos y promoviendo el consumo responsable. Conectan tecnología verde con justicia social.

Monitoreo por satélite

Permite observar cambios ambientales a gran escala. Convierte datos en acciones para conservación, restauración y protección comunitaria.

Drones

Herramientas para actuar en zonas remotas: siembra, monitoreo, entrega de suministros. Ofrecen precisión, reducen costos y mejoran impacto.

Inteligencia Artificial

Apoya el análisis de datos, diagnóstico de problemas y toma de decisiones. Debe ser transparente, ética y participativa.

Fondo de emergencia

Reserva de seguridad frente a imprevistos. Sustenta decisiones prudentes y mantiene la autonomía financiera.

Educación continua

Actualización constante de habilidades y marcos analíticos. Nutre la toma de decisiones y fomenta la humildad intelectual.

GLOSARIO

Ética

Principio que guía decisiones justas, dignas y equitativas en todos los ámbitos. Fundamenta tecnología, negocios y ciudadanía activa.

Participación comunitaria

Invita a vecinos, escuelas y organizaciones a co-crear soluciones. Refuerza legitimidad, cooperación y resiliencia local.

EPÍLOGO

Al mirar hacia atrás, comprendo que este libro no propone un final, sino un punto de partida para seguir tejiendo la vida con intención. Las metas claras, los hábitos que sostienen, la humildad que abre caminos, la conexión con la naturaleza y la ética en la tecnología forman un único tejido: una guía para vivir con propósito y humanidad.

Gracias a cada lector por caminar estas páginas, por dialogar con preguntas, por convertir la experiencia compartida en energía que trasciende la tinta. Lo aquí narrado —metas, pérdidas, aprendizajes, vínculos con animales, comunidades y ecosistemas— recuerda que el progreso es colectivo y sostenible cuando se practica con empatía, rigor y responsabilidad.

Les invito a dejar este cierre como apertura: aplicar lo aprendido, buscar nuevas alianzas y nutrir hábitos que sostengan la curiosidad. Que la perseverancia guíe sus decisiones, y la humildad conserve su capacidad de aprender. Que este tejido crezca, día a día, con esperanza, claridad y compromiso con la vida en todas sus formas.

Publicado por TMK Publisher
Diseño : Rita Mendoza

Impreso en los Estados Unidos de América

Fotografía: Guillermo Jorge
Primera edición: Marzo, 2026

Datos de Catalogación
Guillermo Jorge

Tejiendo Sobre Telas — Primera edición

ISBN: 979-8-218-94837-5

AVISO LEGAL

Esta obra es de no ficción y refleja las experiencias, reflexiones y opiniones personales del autor. Algunos nombres, circunstancias o detalles han sido modificados con el fin de proteger la privacidad de personas mencionadas. Cualquier semejanza con hechos o personas distintas a las descritas es mera coincidencia.

El contenido de este libro tiene fines informativos y formativos. No constituye asesoramiento financiero, legal, profesional ni de inversión. Cada lector es responsable de sus propias decisiones y se recomienda consultar a un profesional calificado antes de tomar decisiones financieras o legales.

El autor y el editor no asumen responsabilidad alguna por pérdidas, daños o consecuencias derivadas del uso de la información contenida en esta obra. El uso de este libro implica la aceptación de los términos de este aviso legal.

www.ingramcontent.com/pod-product-compliance
Lightning Source LLC
LaVergne TN
LVHW020634100826
845148LV00012B/2184